As Limitações da Democracia na Formação da União Européia

As Limitações da Democracia na Formação da União Européia

Alessandra Marchioni Pereira da Cunha
Mestre em Direito pela UFSC e
professora titular na Univali/SC

Manole

Editoração Eletrônica e Projeto Gráfico: JOIN Bureau

Capa: Eduardo Bertolini

CIP-BRASIL. CATALOGAÇÃO-NA-FONTE
SINDICATO NACIONAL DOS EDITORES DE LIVROS, RJ.

C977L

Cunha, Alessandra Marchioni Pereira da
As limitações da democracia na formação da União Européia / Alessandra Marchioni Pereira da Cunha. – Barueri, SP : Manole, 2004.

Inclui bibliografia
ISBN 85-204-1955-0

1. Direito internacional. 2. Democracia. 3. Países da União Européia. I. Título.

04-0288.
CDU 341.17

Direitos adquiridos pela:
Editora Manole Ltda.
Avenida Ceci, 672 – Tamboré
06460-120 – Barueri – SP – Brasil
Fone: (0__11) 4196-6000 – Fax: (0__11) 4196-6021

www.manole.com.br
info@manole.com.br

Impresso no Brasil
Printed in Brazil

Sobre a autora

Alessandra Marchioni Pereira da Cunha é advogada pela PUC/RS (1993), especialista em Integração e Mercosul pela UFRGS (1999) e mestre em Direito na área de Relações Internacionais pela UFSC (2002). Durante os estudos de mestrado foi bolsista da Capes, o que possibilitou o levantamento preliminar de dados na Europa. Defendeu dissertação em julho de 2002, sob o título *Déficit Democrático na União Européia: uma abordagem relacional*, ora publicado pela Editora Manole com novo título. Atualmente é professora titular da Universidade do Vale do Itajaí – Univali/SC nos cursos de Direito e Relações Internacionais, ministrando as disciplinas de Direito Internacional Público, Direito Comunitário e Política Externa Brasileira. Participa do Grupo de Estudos de Direito Internacional desta instituição e tem trabalhos publicados sobre os temas de Integração, Mercosul e União Européia.

Ao meu amado Antônio Carlos.

Para meus queridos pais,
irmão e para minha estimada avó Olenka.

Para Christian G. Caubet,
eterno mestre.

Agradecimentos

Este trabalho foi elaborado para a obtenção do título de mestre em Direito pela Universidade Federal de Santa Catarina. Ele foi o resultado de dois anos e meio de pesquisa e redação acompanhadas de perto pelo orientador, professor doutor Christian G. Caubet, a quem atribuo grande parte do que foi desenvolvido.

Agradeço ao meu esposo, Antônio Carlos, pelo amor, paciência e compreensão, principalmente nos meses finais de conclusão deste trabalho, também aos pais, Jorge e Gladis, pelo eterno apoio e crédito; ao meu irmão Roger, pelo apoio e incentivo, principalmente nos seis meses em que residi em São Paulo. À minha avó, pela dedicação e colaboração, todo meu apreço. A todos os meus amigos que, nos meses de exterior, direta ou indiretamente me ajudaram a cumprir esta pesquisa: Edilene e Christian Knapp, Danielle e Christian Wagnières junto à Biblioteca Central de Zurique (Zentralbibliothek Zürich) em Zurique/Suíça, José Alberto Miranda junto à Biblioteca Britânica de Ciência Política e Econômica (British Library of Political & Economics Science) na LSE (London School of Economics and Political Science) em Londres/Inglaterra, Michael Talarmain junto ao Birô de Informações do Parlamento Europeu francês (Bureau d'information du Parlement Européen por la France) em Paris/França, prof. Pablo Martín Urbano junto ao Centro de Estudos Europeus da Universidade Autônoma de Madri (Centro de Estudios Europeos de la Universidad Autónoma de Madrid) – UAM em Madri/Espanha.

Os agradecimentos dirigem-se aos demais professores, colegas e funcionários do Centro de Pós-Graduação da Universidade Federal de Santa Catarina (CPGD-UFSC) e, em especial, à Capes, fonte de meu financiamento de pesquisa, sem o qual deixaria de viajar ao exterior.

Apresentação

O propósito principal deste trabalho é a análise do conceito de *déficit democrático*, elevada ao contraponto da efetividade do princípio democrático. A verificação desse conceito ocorrerá no âmbito do processo de integração e cooperação europeu contemporâneo. Essa temática compreende duas facetas: uma *horizontal*, vinculada à relação entre as próprias instituições européias, nas pessoas jurídicas do Conselho da União Européia, Conselho Europeu, Comissão Européia e Parlamento Europeu; e outra *vertical*, ligada à relação estabelecida entre cidadão europeu e a estrutura institucional européia.

Essa investigação se dará a partir de alguns critérios, principalmente a presença dos pressupostos da legitimidade democrática na composição e na tomada de decisão no âmbito das instituições européias, traduzindo-se no acesso à representação e à participação do "povo europeu". A presença ou não desses pressupostos permite desmitificar algumas idéias que giram em torno da efetividade do princípio democrático.

Além dessa investigação, será indagado sobre o complexo aparato jurídico-político, abrangendo os tratados internacionais de cooperação ou de integração e a própria teoria política comunitária, exemplos de argumentação lógico-discursiva. Tais aportes serão analisados no intuito de verificar a necessidade de formatação de um universo simbólico, ou ficto, que conserve as relações de poder instauradas na realidade fática.

Siglas

AUE ▪ Ato Único Europeu

BEI ▪ Banco Europeu de Investimento

Benelux ▪ Tratado de Livre Comércio entre Bélgica, Países Baixos e Luxemburgo

(T)CE ▪ (Tratado) Comunidade Européia

(T)Ceca ▪ (Tratado) Comunidade Européia do Carvão e do Aço

CED ▪ Comunidade Européia de Defesa

(T)CEE ▪ (Tratado) Comunidade Econômica Européia

(T)Ceea ou Euratom ▪ (Tratado) Comunidade Européia de Energia Atômica

Coreper (I e II) ▪ Comitês de Representantes Permanentes

CPE ▪ Cooperação Política Exterior

CPJP ▪ Cooperação Policial e Judiciária Penal

DG(s) ▪ Diretoria(s) Geral(s) da Comissão Européia

ECU (European Currency Unit) ▪ Unidade de Conta Européia

EEE ▪ Espaço Econômico Europeu

EM ▪ Estados-Membros
Efta ou Aelc ▪ Associação Européia de Livre Comércio
Euro ▪ Moeda Única Européia
FED ▪ Fundo Europeu de Desenvolvimento
Feder ▪ Fundo Europeu de Desenvolvimento Econômico Regional (ampliado em suas funções)
Feoga ▪ Fundo Europeu de Orientação e Garantia Agrícola
FSE ▪ Fundo Social Europeu
Gatt (General Agreement on Tariffs and Trade) ▪ Acordo Geral de Tarifas e Comércio
G7(G7 + Rússia) ▪ Grupo dos sete países mais industrializados: Alemanha, Canadá, Estados Unidos, França, Itália, Japão, Reino Unido.
IVA ▪ Imposto sobre Produto de Valor Agregado
Oece ▪ Organização Européia de Cooperação Econômica
Oeaf ▪ Organismo Europeu de Luta Antifraude
PAC ▪ Política Agrícola Comum
PE ▪ Parlamento Europeu
Pesc ▪ Política Exterior e de Segurança Comuns
PEU ▪ Procedimento Eleitoral Uniforme ou Projeto Eleitoral Unificado
SDN ▪ Sociedade ou Liga das Nações
SME ▪ Sistema Monetário Europeu
TA ▪ Tratado de Amsterdã
TEC ▪ Tarifa Externa Comum
(T)UE ▪ (Tratado) União Européia
UEM ▪ União Econômica Monetária
UEO ▪ União da Europa Ocidental
QMV ▪ Aprovação por maioria qualificada

Sumário

Introdução

A análise de um conceito, esse é o propósito principal deste trabalho. A amplitude da temática do *déficit democrático*, elevada ao contraponto da efetividade do princípio democrático deve, no entanto, sofrer limitações de ordem temporal e espacial. Nesses termos, a análise pretendida e a verificação desse conceito ocorrerão no âmbito do processo de integração e cooperação europeu contemporâneo, levando em consideração o histórico da estrutura institucional e sua respectiva legitimidade democrática.

Há mais de uma definição necessária para a delimitação do tema. O conceito de *déficit democrático* tem duas facetas: uma *horizontal*, vinculada à relação entre as próprias instituições européias, nas pessoas jurídicas do Conselho da União Européia, do Conselho Europeu, da Comissão Européia e do Parlamento Europeu; e outra *vertical*, ligada à relação estabelecida entre cidadão europeu e a estrutura institucional européia. Essa investigação se dará a partir de alguns critérios, principalmente a presença dos pressupostos da legitimidade democrática na composição e na tomada de decisão no âmbito das instituições européias, traduzindo-se no acesso à representação e à participação do "povo europeu". A presença ou não desses pressupostos permite desmitificar algumas idéias que giram em torno da efetividade do princípio democrático.

Além dessa investigação, será perquirido sobre o complexo aparato jurídico-político, abrangendo os tratados internacionais de cooperação ou de integração e a própria teoria política comunitária, exemplos de argumentação lógico-discursiva. Tais aportes serão analisados no intuito de verificar a necessidade de formatação de um universo simbólico, ou ficto, que conserve as relações de poder instauradas na realidade fática.

O método de abordagem incluirá procedimentos indutivos e dedutivos, utilizados seqüencialmente, verificando-se o caso concreto da sociedade francesa do século XVIII que definiu as bases teóricas, nos moldes científico-políticos, para a "separação dos poderes". Posteriormente, analisando-se pelo movimento inverso, que irá da definição teórica, criação paradigmática, para a particularidade concreta do caso da União Européia. Ressalve-se, no entanto, que o espírito científico não consiste apenas em observar o determinismo dos fenômenos, mas em determiná-los como fenômenos. Assim, mesmo contrariando a sua própria pretensão, este estudo acabou hierarquizando alguns fenômenos e elegendo variáveis particulares.

O momento da realização do conceito reside na exposição de dois exemplos: um no âmbito da ciência política do Estado moderno, simbolizado pela teoria da separação dos poderes, e outro no contexto das relações internacionais e no direito internacional público geral, representado pela teoria comunitária e pela aplicação do princípio do equilíbrio institucional europeu.

Enquanto a Locke pode ser atribuída a elaboração da teoria da divisão dos poderes, para quem o Estado deveria exercer o poder por meio de órgãos diferenciados (*Ensaio* e *Dois tratados sobre o governo civil*, de 1689), a Montesquieu, autor de *Do espírito das leis* (1748), é creditada, além da elaboração de uma teoria da divisão de poderes, a sua divulgação por toda a Europa, o que influenciou a organização institucional dos Estados modernos. Depois de estudar a Constituição inglesa, Montesquieu lança as bases da sua doutrina, que se tornou um verdadeiro dogma na ciência constitucional. Além de demonstrar a necessidade da separação de poderes, também justificou a imprescindibilidade da harmonia e da autolimitação entre eles. Essas idéias foram aprimoradas e implementadas pelos ensaios norte-americanos intitulados *O Federalista* (Alexander Hamílton, James Madison e John Jay, 1788).

Por sua vez, a teoria do equilíbrio institucional vem sendo considerada, pelos teóricos comunitários, como uma opção paradigmática, pois trata-se de uma alternativa àquela antiga concepção de organização institucional. A distribuição de poderes dá lugar à distribuição de funções, e os antigos poderes poderão estar redistribuídos e até concentrados em uma ou em várias instituições.

São essas as duas experiências empíricas que serão expostas para contrastar com a noção abstrata de democracia, produzindo a conclusão do trabalho, cuja hipótese principal é a de que o *déficit democrático europeu* é apenas uma espécie de déficit democrático que teve sua origem na formação do Estado moderno e, como tal, reflete-se em qualquer processo de integração estatal. Nesse sentido, duas acepções devem ser diferenciadas para que se possa avançar no estudo: uma associada ao conteúdo, ou ao chamado "ser" democrático; outra ligada à forma, ao aparato jurídico-político discursivo, ou ao "dever ser" democrático. A partir da segunda, seguiu-se a confrontação da primeira para então descrever as diferenças entre as realidades.

O livro começa com a descrição do contexto em que surge o pensamento de Montesquieu, no qual está inscrita a obra *Do espírito das leis*, tida como um dos pilares da construção da teoria da separação dos poderes, um atributo necessário à constituição de qualquer Estado democrático moderno.

No que tange à primeira parte do primeiro capítulo, analisam-se idéias elaboradas há vários séculos. Torna-se necessário estudar o ambiente político, social e econômico em que viveu o autor para não produzir interpretações distorcidas.

Na seqüência, é analisada a forma como Montesquieu elabora e fundamenta seu pensamento, enfatizando-se a escolha do método e do objetivo por ele utilizados. Indaga-se sobre as razões que justificaram a construção dessa teoria e questiona-se a quem ela desejava privilegiar e a quem desejava afastar do poder.

No mesmo ensejo, são contrastadas as idéias de *princípio*, motivo que induz o homem rumo a um objetivo político, e *natureza*, objetivo concreto no governo monárquico constitucionalista. Para bem harmonizar e conciliar interesses na estrutura de poder, criou-se a figura do "fiel da balança de poder", função que seria desempenhada pelo Legislativo. Esse Legislativo seria formado por uma "república de notáveis" e teria a função de canalizar os anseios "populares". Deflagravam-se, simultaneamente, os processos de desconstrução democrática popular e de construção da democracia burguesa.

A exposição desse debate conduz a uma alternativa de realidade que se faria revelada na naturalização da estratificação social da época, na exclusão das maiorias pobres e no próprio déficit democrático. Vitaliza-se a dicotomia "ser" e "dever ser" a partir da ordem discursiva e do objetivo real de conformar e reproduzir uma relação de dominação.

Após esse primeiro capítulo, encontra-se uma segunda perspectiva: a construção histórica do conceito de *déficit democrático*, agora no contexto fundacional das comunidades européias.

Novamente, a exposição baseia-se na descrição e na análise teórica, tomando os tratados internacionais e europeus como ponto de partida. Nesse sentido, a teoria do equilíbrio institucional justifica o novo paradigma de organização não mais em dois poderes, como em Montesquieu, mas em instituições que detenham funções e poderes mistos. A reconcentração de poderes na figura do Executivo, ou simplesmente distribuída entre os executivos do Conselho da União, do Conselho Europeu e da Comissão Européia, limita e tolhe a legitimidade democrática dessa estrutura institucional. Assim, quando Jean Monnet e Robert Schuman idealizaram a criação de um "Estado federal europeu", preferiram restringir a fiscalização e o controle parlamentar e, em decorrência, limitar o acesso popular direto às decisões européias. Nesses termos, só podem ser insuficientes as tentativas de reestruturação institucional implementadas pelos acordos de Maastricht e Amsterdã.

A realidade européia não é outra coisa senão a realidade dos Estados nacionais. A partir dessa perspectiva, abre-se a discussão do último capítulo. O terceiro capítulo envolve a análise do *déficit democrático* propriamente dito, sua origem na democracia representativa européia, principalmente na indeterminação da identidade político-partidária, e na ausência do reconhecimento de uma cidadania européia. Aferir os benefícios democráticos e desatrelá-los de valores e efetividades inerentes à democracia permitirá uma verificação aprofundada do tema. Nesse sentido, denuncia-se a ilegitimidade institucional européia, na medida em que são atribuídos critérios pouco democráticos para a formação e determinação de competências dessas instituições. Essa confusa organização institucional guarda uma lógica precisa quanto à dinâmica de seus grupos de interesses. São os grupos de pressão que geram as políticas européias e que determinam as diretrizes econômicas. Para a consecução de seus objetivos nacionais e supranacionais, eles dispõem de verdadeiras "rotas" de acesso aos canais de decisão.

Por último, emerge a realidade européia, analisada a partir das premissas da segunda parte do primeiro capítulo.

A relevância do estudo aqui proposto encontra-se na necessidade de repensar os conceitos de democracia pela descrição do contraponto antidemocrático. Esse assunto é extremamente atual e deflagra uma série de questionamentos a respeito da organização institucional européia, em particular da presença ou ausência da legitimidade e controle popular, estopins da queda do corpo executivo da Comissão Européia em março de 1999. Nesse contexto, também repercute a retórica das reformas institucionais e da valorização do "povo europeu" como sujeito do processo de integração.

Ainda com referência a esses estudos de obras e autores, note-se que as referências bibliográficas foram feitas com vistas a permitir a identificação dos trechos em quaisquer versões das obras, mantendo-se a identificação dos capítulos, itens, subitens, títulos e parágrafos.

Para permitir uma continuação da pesquisa aqui desenvolvida, as demais referências buscarão indicar, da forma mais precisa possível, a maneira de obter as obras e os documentos citados, incluindo os endereços da internet e as datas da última consulta, bem como as referências das reportagens jornalísticas apresentadas.

Todas as traduções são de responsabilidade da autora, ressalvando-se a integridade dos textos originais incluídos nos rodapés.

CAPÍTULO 1

Montesquieu e a formação do pensamento teórico da separação dos poderes

A teoria da separação dos poderes de Montesquieu teve extraordinária repercussão na filosofia política e nas constituições escritas a partir do século XVIII; essa teoria tornou-se verdadeiro dogma na ciência constitucional moderna. Coube ao jurista e filósofo francês Charles Louis de Secondat, barão de La Brède e de Montesquieu, na obra *Do espírito das leis*, o papel não só de elaborar uma teoria completa da divisão dos poderes, como também de difundi-la por toda a Europa, colhendo frutos no além-mar.[1] É no livro XI, capítulo VI, ao reportar-se à Constituição inglesa, que o autor liberta-se do preconceito de que a liberdade política dependia de uma virtude superior, conhecida pelos romanos, e realizada apenas nas cidades-Estado.

As disputas inglesas entre Parlamento e cortes de direito consuetudinário *versus* Coroa fizeram por concretizar a separação de po-

1. Na Europa tem-se, por exemplo, a Declaração Francesa dos Direitos do Homem e do Cidadão (1791), enquanto na América encontram-se a Declaração dos Direitos da Virgínia (1776) e a Constituição de Massachusetts (1780).

deres,[2] até então indefinida na prática. Como argumenta Sabine (1964, p. 550-2), a idéia de governo misto ou monarquia temperada apresentava-se mais como sinônimo de participação e equilíbrio de interesses sociais, econômicos e de classes, com poder distribuído entre comunas e municipalidades, que uma concepção constitucional, em termos de organização de poderes. Assim, pode-se dizer que seu maior uso havia sido como contrapeso à centralização excessiva e como recordação de que nenhuma organização política funcionaria sem um mínimo de cordialidade e lealdade entre as partes constituintes.

Quando Montesquieu apresentou as linhas gerais da "separação de poderes" num sistema de controles e equilíbrios legais, na verdade não foi muito preciso. Talvez por isso sua doutrina tenha sido difundida com as mais variadas interpretações:

> Há em cada Estado *três espécies de poderes*: o *poder legislativo*, o *poder executivo* das coisas que dependem dos *direitos das gentes* e o *poder executivo* das coisas que dependem do *direito civil*. Pelo primeiro, o príncipe, ou o magistrado, elabora leis para um certo tempo ou para sempre, e corrige ou revoga as existentes. Pelo segundo, faz a paz ou a guerra, envia ou recebe embaixadas, instaura a segurança, impede as invasões. Pelo terceiro, pune os crimes oü julga as pendências entre particulares. Chamaremos a este último o *poder de julgar* e ao outro simplesmente o poder executivo do Estado.
>
> [...] Quando se reúne na mesma pessoa, ou no mesmo corpo de magistratura, o poder legislativo e o poder executivo, não

2. Isso ocorria, na Inglaterra, desde os tempos da Revolução Puritana; tais disputas foram acompanhadas por J. Harrington (*Oceana*) 1656 e consagradas nos escritos de J. Locke (*Two Treatises of Government*) 1690.

> existe liberdade; porque pode-se temer que o próprio monarca, ou o próprio Senado, faça leis tirânicas para executá-las tiranicamente.
>
> Também não existe liberdade se o poder de julgar não estiver separado do poder legislativo e do poder executivo. Se estivesse ligado ao poder legislativo, o poder sobre a vida e a liberdade dos cidadãos seria arbitrário, pois o juiz seria legislador. Se estivesse unida ao poder executivo, o juiz poderia ter a força de um opressor.
>
> Tudo estaria perdido se o mesmo homem, ou o mesmo corpo de principais, ou de nobres, ou do povo, exercesse esses três poderes [...] (Montesquieu, 1973, t. 1, p. 9-19 – grifos nossos).

De fato, prever a separação absoluta entre a legislação e o processo judicial, ou entre a formulação da política e o controle de sua execução, dificilmente poderia ser aceito por um realista político de sua época. Também é notável que o autor tenha entrecortado sua teoria por um princípio contraditório de um poder superior: o Legislativo, professando tê-lo descoberto a partir do estudo constitucional inglês.

É sabido que Montesquieu havia visitado a Inglaterra (1739) a convite de seu amigo Bolingbroke. E é certo que, nessa época, os vestígios de medievalismo já haviam arrefecido com o resultado da Revolução de 1688, que instituíra a supremacia parlamentar. Mas daí a observar a separação dos poderes como aspecto característico daquela Constituição havia uma grande distância (!). Igualmente, poder-se-ia recomendar cautela ao se atribuir a preponderância do poder Legislativo ante os demais. De fato, até aquele momento, não havia nenhuma definição quanto às suas funções e atribuições. Em vez disso, os discursos políticos da época preferiam enfatizar o equilíbrio mútuo entre os *três estados* ou regimes: *monárquico, aristocrático* e *democrático,* o que caracterizava muito mais um equilíbrio entre interesses e ordens que qualquer supremacia interna (Sabine, 1964, p. 551-2).

Montesquieu era antes de tudo um homem de seu tempo, membro da aristocracia francesa. Reunia-se com seus colegas *germanistas* (Saint-Simon, Boulainvilliers) para evocar a nostalgia dos tempos da monarquia primitiva: um rei eleito pelos nobres e par entre seus pares, originária das *Wälder* alemãs (Montesquieu, 1973, livro XI, cap. VII); e consagrar o equilíbrio das *potências,*[3] com o fim de restabelecer e consagrar uma entre as três: a nobreza (Althusser, 1972, p. 141 e 144).

Segundo Sabine (1964), ele foi, sem dúvida, um homem de grandes leituras, mas seus conhecimentos eram inexatos. Em relação aos assuntos políticos na Europa, ele não foi observador profundo como Maquiavel ou Bodin, e o que o salvou de ser apenas um simples e elegante literato amador não foi a sua produção científica, mas o seu acendrado entusiasmo pela liberdade.[4] De acordo com Sabine (1964, p. 550), Montesquieu não passava de um moralista para quem as verdades eternas começavam a desgastar-se, mas que carecia da capacidade construtiva de prosseguir sem elas.

---

3. Segundo Althusser (1972, p. 135), a separação dos poderes estava bem mais afeita à divisão do poder (limitação, moderação e pretensão) entre as *potências* (rei, nobreza e *povo*). Nesse sentido, estamentos e determinados grupos de interesse foram eleitos e legitimados teoricamente por Montesquieu sob a denominação de *potências*.

4. Montesquieu, em muitos trechos de sua obra, saúda a liberdade e critica a forma de governo monárquico da época por não tê-la garantido: "As monarquias que conhecemos não possuem, como a de que acabamos de falar, a liberdade como objetivo imediato; elas tendem apenas para a glória dos cidadãos, do Estado e do príncipe. Mas dessa glória resulta um espírito de liberdade que, nesses Estados, pode fazer muitas coisas" (Montesquieu, 1973, livro XI, cap. VII).

A *totalidade* explicando a *diversidade*

A Revolução Inglesa de 1688 e a publicação dos tratados de Locke encerraram um extraordinário meio século de filosofia política criadora que acompanhou os tempos de guerras civis na Inglaterra. Por conseguinte, enquanto a teoria política inglesa tratava da consolidação de suas conquistas, restava aberta à França a oportunidade de, a partir dessa influência, travar as suas próprias discussões.

É certo que, até o século XVIII, pouco havia que a filosofia social francesa[5] pudesse dizer a uma autocracia pessoal e burocrática iniciada com Henrique IV, implementada por Richelieu e Mazarino e pela monarquia de Luís XIV. Foi, porém, nos últimos trinta anos do governo de Luís XIV (1685-1715) que o país conheceu uma crise sem precedentes: seus grandiosos planos de conquista terminaram em humilhação, o custo de suas campanhas militares levou o país à bancarrota, a taxação opressiva e desigual disseminou a miséria. Nesses tempos, circulavam as observações de Boisguillebert (1695) e Vauban (1707) relativas aos resultados das taxações desiguais sobre a agricultura e aos efeitos ruinosos das restrições opressivas sobre o comércio.

Eram tempos em que todos os ramos da literatura haviam tornado-se veículos de debate social, de Voltaire a Rousseau, de Diderot e D'Alembert a Turgot e Holbach. Nesse turbilhão de idéias, era difícil estabelecer e avaliar as novas significações da filosofia francesa, continuamente vertida em velhas fórmulas. Ressurgia a crítica da autocracia francesa em nome de suas antigas instituições. De um modo geral, o debate mais popularizou que criou um novo pensamento, ficando muito aquém da originalidade do século anterior (Sabine, 1964,

5. Também é certo que a França havia liderado a emancipação científica na Europa com Descartes.

p. 537). Ao mesmo tempo, outros pensamentos que se supunham consagrados, como o racionalismo, essência dos direitos naturais, passaram a ser confundidos com o utilitarismo ético e político, afastando-se de sua origem empírica, crescente nos estudos sociais.

O século XVIII presenciou o surgimento da filosofia francesa reformista;[6] em meio a um cartesianismo consolidado, calcaram-se a filosofia da política liberal de Locke e a física da relação necessária entre causa e efeito de Newton (*Principia*, 1687). Esses princípios adequaram, como regra de vida, a lei da natureza ou da razão, que era gravada indistintamente em todos os homens e dispensava qualquer verdade revelada ou sobrenatural.

Em conseqüência dos trabalhos de Hobbes e Locke, o conteúdo da lei natural tornou-se o egoísmo esclarecido. A busca da paz ou da segurança individual, obtida por meio de um vínculo social estável e conducente ao bem comum, conduz à justificativa da criação do Estado. Apesar de Hobbes e Locke divergirem na concepção e na conseqüência desse direito natural,[7] ambos acabam por selar o destino da mo-

6. O Edito de Nantes, publicado em 1598 por Henrique IV, havia estabelecido a liberdade religiosa para os protestantes no reino francês. O Edito foi revogado em 1685, por Luís XIV, quando da declaração de conversão obrigatória a todos os huguenotes. No período de sua duração, os huguenotes, que controlavam administrativamente cerca de duzentas cidades em toda a França, angariaram contra si as forças do Cardeal Richelieu (1628), que discordava da política descentralizada por eles implementada. Também mobilizaram as forças da Igreja Católica que, persuadindo Luís XIV, fizeram-no iniciar uma política de perseguição. Os protestantes deixaram o país rumo à Inglaterra e à Alemanha protestantes. A revogação do Edito veio enfraquecer ainda mais a economia francesa, pois eram os protestantes que dirigiam a maior parte do segmento industrial francês. Todo esse movimento contribuiu para a formação de um pensamento institucional reformista.

7. Para o primeiro, um Estado artificial, cujo impulso barroco (a vaidade da vida desabrocha no medo da morte), é representado nos mecanismos pelos quais

dernidade, pois, remetendo-se à existência e à vontade política do povo em contraposição à vontade real, prescindiram da tradição, do costume e da santificação do passado.

Em geral, os princípios éticos lockeanos foram bem recebidos pelos autores reformistas franceses: sustentava-se que os governos existiriam apenas para promover a liberdade, a segurança, o gozo da propriedade e outros objetivos individuais. E, por isso, a reforma política deveria objetivar a instalação de um governo responsável e representativo, que limitasse abusos e tiranias, abolisse monopólios e privilégios e criasse uma sociedade na qual as chaves do poder e da riqueza dependessem exclusivamente da vontade de cada um.

O novo meio em que essas idéias vieram a florescer acabaram, no entanto, por modificá-las quase que por completo, contrariamente à Inglaterra, em que os direitos do inglês significavam algo concreto na tradição do direito consuetudinário. Na França, a autocracia havia vinculado os direitos do cidadão francês aos privilégios da nobreza, e a administração governamental a um mistério de antecâmaras, reduzida a uma burocracia administrativa centralizadora pouco criativa.

Nesses tempos, a sociedade francesa[8] era posta à prova, com base nas premissas racionalistas segundo as quais "nada estava além do poder da razão" experimentada (Francis Bacon) e que tudo se resumia ao desafio de dominar a natureza. Como equacionar problemas políticos e institucionais causados pela Coroa francesa e compatibilizar interesses estamentais?

---

impõe a obediência aos cidadãos, deixando de fora as atividades não-políticas. Para o outro, um Estado de livre associação recíproca (capaz de assegurar os direitos inatos de liberdade, igualdade e propriedade), no qual um governo consentido é somente um cargo confiado pelo povo àqueles que o representam, deixando de lado também as esferas não-políticas (Ruby, 1998, p. 78-81).

8. A sociedade francesa era dotada de uma clivagem distinta da inglesa: ao clero restava um quinto das terras do país, com isenções e privilégios, sem preeminência

Dentre as ecléticas alternativas, pode-se encontrar a de Fénelon (*Télémaque*, 1699) e a de Boulainvilliers (*Histoire de l'ancien gouvernement de la France*, 1727), que procuraram corrigir a monarquia absolutista[9] e defender o retorno da antiga constituição do país.[10] Apesar de a obra de Montesquieu – *Do espírito das leis* (1748) – inserir-se nessa origem ao receber as influências racionalistas, esse autor preferiu construir a própria teoria da "história real", refletida na concepção de totalidade (*lei científica*), a partir da avaliação dos fatos con-

---

moral para tanto; à nobreza sobravam privilégios, mas faltava-lhe poder político; à classe média, tanto clero quanto nobreza eram vistos como parasitas, e a ela, burguesia urbana, restavam quase todos os capitais e créditos de um Estado insolvente; a classe dos camponeses proprietários era notabilizada pelo seu número, apesar de sua escassa representação política (Sabine, 1964, p. 541-2).

9. Tanto Fénelon quanto Boulainvilliers e o próprio Montesquieu pertenciam a um partido de oposição à monarquia absolutista instaurada a partir do século XIV na França; esse partido fazia a defesa da condição feudal, não aceitando a decadência política dessa classe. Depositava toda sua esperança no duque de Bourgogne, o *Delfim*, que, segundo o descrito por Montesquieu, tinha as melhores idéias do mundo: odiava o despotismo; queria que todas as províncias do reino se transformassem em Estados, como a Bretanha; queria que aí houvesse conselhos e que os secretários de Estado não fossem senão secretários desses conselhos; queria que o rei tivesse uma espécie de lista civil como na Inglaterra, para manutenção de sua casa e corte; queria que sua corte tivesse costumes (Althusser, 1972, p. 119).

10. Na verdade, o absolutismo não deixara à França uma constituição tradicional, que um partido reformista pudesse pretender restaurar, como no caso da Inglaterra. A revitalização de governos locais independentes, representados pelas assembléias provinciais, a restauração dos Estados gerais (três ordens do reino: clero, nobreza e terceiro Estado), a revivescência do poder e a influência da nobreza, e a independência dos *parlements*, de fato, não passavam de uma utopia (Sabine, 1964, p. 538).

Tanto a doutrina quanto a prática, apesar de admitirem a convocação dos Estados gerais em estritos casos, conduziam à representação única da nação pelo rei, o que significava que seus estatutos permaneciam submetidos à pessoa daquele. Ao mesmo tempo, as assembléias de cada Estado geral só podiam se reunir com

cretos (*variáveis*).[11] Deixando-se dominar pela revolução estrutural de sua época, tempo em que a Terra estava sendo descoberta e a Europa abria-se para o movimento das grandes navegações, para o conhecimento e para a exploração das Índias do Oriente, do Ocidente e da África,[12] ele assiste à criação de uma ciência política que muda de objeto – fazer ciência de todas as sociedades concretas da história – e revoluciona o método – propõe-se a descobrir suas leis.

Assim, a construção da ciência política e da história deve deixar de beber da sua própria *razão* e de qualquer ordem que transcenda a

---

a presença real. O desgaste político-jurídico do regime monárquico somente atingiu o seu ápice durante o governo de Luís XV, quando os *parlements* de Rennes e de Paris passaram a resistir aos editos reais e começaram a reivindicar a posição de *intermediários*, porta-vozes da nação francesa (*Admoestações dos Parlamentos de Rennes-1756, Bordéus-1771, Paris-1781-88*). A partir daí, a nação passou a ser invocada como fonte de legitimação do seu próprio poder, o que acabou por resultar na autoconvocação dos Estados gerais e na sua transformação, capitaneada pelo Terceiro Estado, em Assembléia Nacional (1789) (Torres, 1989, p. 339-49).

11. A física newtoniana aparece em *Do espírito das leis* de Montesquieu como evolução à teoria de Descartes: "*Das leis, em sua relação com os diversos seres* – As leis, em seu significado mais amplo, são as relações necessárias que derivam da natureza das coisas; nesse sentido, todos os seres possuem suas leis; [...] Existe, pois, uma razão primordial; e as leis são as relações que se encontram entre ela e os diferentes seres, e as relações entre esses diversos seres. [...] Assim, a criação, que parece um ato arbitrário, pressupõe regras tão invariáveis quanto a fatalidade dos ateus. [...] Essas regras são uma relação constantemente estabelecida. Entre um corpo e outro corpo postos em movimento, [...] cada diversidade é *uniformidade*, cada mudança é *constância*" (livro I, Primeira parte).

12. Na obra *Do espírito das leis*, livro I, capítulo III, Montesquieu afirma que as leis políticas e civis de cada nação não devem ser mais que os seus *casos particulares*; essas leis devem se adequar ao povo para o qual foram ditadas, adaptando-se à natureza, princípio de governo e aos fatores físicos do país, como clima, qualidade do terreno, constituição, religião, costumes. Todas essas relações formam o que se chama de *espírito das leis*.

própria história. Torna-se necessário varrer do caminho da ciência pretensões teológicas e moralistas ajuizadoras de critérios e colocá-las dentro dos fatos da história, tarefa que Montesquieu desempenhou muito bem em relação à moral japonesa e à religião turca, mas que deixou de cumprir em relação à religião católica[13] e à sociedade francesa.

A singularidade de Montesquieu encontra-se mais precisamente no ataque às teorias do *direito natural* propostas por seus antecessores. Montesquieu não encontra na origem da sociedade um questionamento essencial; para ele, os homens já nasceram unidos em sociedade.[14] Ele parece rejeitar o idealismo daquele método, opondo-se à deliberação de ajuizar os fatos pelo direito e à proposição de um fim para as sociedades humanas.

Contrariamente, para os filósofos do direito natural importa determinar qual a origem da sociedade e, partindo desse questionamento, resolvê-lo por meio de duas soluções: o estado natural e o *contrato social*. Assim, para que os homens alcancem uma sociedade ideal, seja da liberdade, seja da igualdade, é preciso tomá-los antes da sociedade, no seu estado originário, seja no reino da guerra, seja no da paz ou da solidão. A passagem da sociedade inexistente para a sociedade existente é realizada pela figura do *contrato social*.

Segundo Althusser, a idéia de que os homens são os autores de sua própria sociedade por meio de um pacto de associação (civil) ou

---

13. Colocar a teologia e a moral dentro dos fatos da história, desvinculando a Igreja das verdades políticas da época, custou a Hobbes, a Espinosa e a Montesquieu a acusação de ateísmo (Althusser, 1972, p. 23-9.)

14. No livro I, capítulo II de *Do espírito das leis*, Montesquieu vincula o desejo de viver em sociedade com a quarta lei natural humana. Opõe-se explicitamente a Hobbes, que toma o homem como causa primeira do desejo de domínio e, em conseqüência, causa de todas as coisas. Para Montesquieu, a idéia de império e dominação é muito complexa e depende, antes de tudo, de uma origem societária, e não individual.

de um pacto de domínio (político) é, nesses tempos, uma idéia revolucionária, pois ecoam os conflitos sociais e políticos de um mundo em gênese. Mas ele enfatiza:

> Esta idéia é simultaneamente um protesto contra a antiga ordem e um programa para a ordem nova. Priva a ordem social estabelecida e todos os problemas políticos então debatidos do recurso à *natureza* (pelo menos à *natureza* fonte de desigualdades), denuncia em tais argumentos uma impostura e funda as instituições que os seus autores defendem, inclusivamente a monarquia absoluta em luta contra os feudais [...]. Não iam aos fatos [...] iam ao direito, isto é ao *dever ser*. Para eles os fatos não eram mais que matéria para o exercício desse direito, [...]. Mas por isso mesmo permaneciam naquilo a que se pode chamar uma atitude *polêmica* e *ideológica*. Faziam do partido que tomavam a razão da história. E os princípios que tinham na conta de ciência, não eram senão valores [...] que eles tinham *escolhido*. (Althusser, 1972, p. 33 e 35 – grifos nossos)

Montesquieu prefere extrair os princípios das sociedades pela natureza das coisas.[15] O Deus criador continua imprimindo o movimento e as alterações para as coisas, mas não é mais que um dos termos dessa relação.[16] Esse entendimento, decorrente do pensamento newtoniano, identifica a *lei* como resultado de uma relação imanente

15. Um exemplo de *princípio* (paixões humanas que põem em movimento a *natureza* do governo) extraído da própria realidade dos fatos está no livro III, capítulo II, sob o título "Sobre o princípio da democracia", em que o autor exalta a cidade-estado de Atenas, que cultiva a *virtude* política, o que lhe valeu muitas dominações territoriais, como as da Lacedemônia e da Sicília.

16. Remissão à nota 9.

entre fenômenos, extraída dos próprios fatos, que, embora sem experimentação direta, possa ser desdobrada a partir de seus princípios. Nesses termos, o autor contribui para o enfraquecimento da doutrina do direito divino como origem do poder.

Fica claro, porém, que Montesquieu distingue duas categorias de leis: as *leis-relações* (a que todos estão submetidos) e as *leis positivas gerais* (direito das gentes), e *particulares civis* e políticas, donde se extrai *l'esprit des lois*. Cauteloso e utilizando-se da retórica da uniformidade e constância, ao estabelecer o conceito de *leis-relações* com base em critérios científicos de valoração, ele não se desprende das soluções comuns de sua época: a origem das leis naturais e anteriores, *leis divinas*, sempre precedentes e independentes de todas as condições da história. É a lei-mandamento, lei-dever; o homem submetido a leis invariáveis, com valores fixos, apesar de dispor de vontade própria (Montesquieu, 1973, livro I, cap. I).

A categoria analítica da lei científica é retomada para as leis positivas gerais ou particulares. Para o autor, o Estado é o sujeito último dessas produções legislativas e o faz por meio de uma vasta gama de instituições. Cabe ao filósofo político obter a unidade científica pela diversidade empírica das várias ordens produzidas.

Como diz Althusser, esta *lei* não será o resultado de uma ordem ideal, mas uma relação imanente aos fenômenos. Esse espírito fenomenológico, que o mobiliza e relaciona, depende simultaneamente das instituições jurídicas, natureza e princípio, e de outros fatores externos: físicos, morais e religiosos.[17]

---

17. "Em primeiro lugar, tenho observado os homens e me parece que, em meio à infinita diversidade de leis e costumes, não se comportavam somente segundo a sua imaginação. Eles estão assentados em princípios, ficando comprovado que os casos particulares se ajustam a eles por si mesmos, que a história de todas as nações era conseqüência desses princípios, e cada lei particular estava relacionada com outra lei, ou dependia de outra mais geral" (Montesquieu, 1973, Prefácio).

Como se percebe, o autor delega à solução científica apenas uma parte do universo que o rodeia:

MÉTODO INVESTIGATIVO DE MONTESQUIEU

Objeto investigativo:

LEIS POSITIVAS DAS SOCIEDADES HUMANAS
(Contrapondo-se às leis divinas e invariáveis)
Exemplos: (A): Estado grego, instituições gregas, leis gregas, Séc. V

Regras de definição do objeto:

RELAÇÃO ENTRE LEIS POSITIVAS E FATORES EXTERNOS
Exemplos: (A)/solo, (B)/costumes, (D)/comércio etc.
+
RELAÇÃO ENTRE AS LEIS POSITIVAS
ex. (B) ⟷ (C)
=
ESPÍRITO DAS LEIS

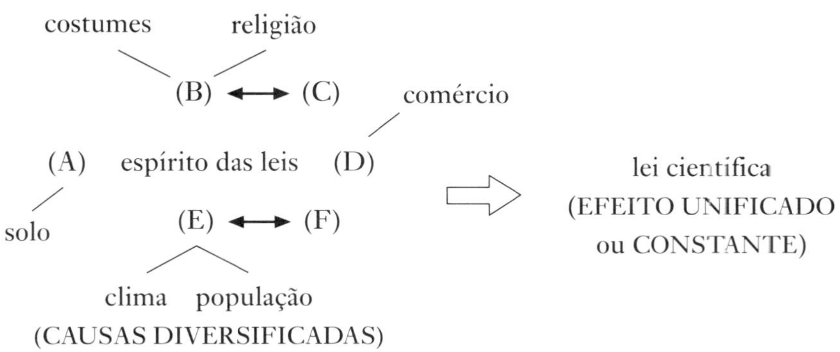

A dialética da *natureza* e do *princípio*

Dentre as descobertas positivas de Montesquieu, destaca-se o estabelecimento de princípios universais que permitem a compreensão de toda a história. Em meio à desordem de seu livro, ele tenta reunir a tipologia abstrata das formas de governo ao determinismo dos diversos fatores materiais e morais em uma unidade científica.

Expressão dessa unidade interna está na distinção entre *natureza* e *princípio* de um governo, em que a *natureza* corresponde à detenção e forma do poder, situando-se no plano jurídico-formal, o dever ser, e o *princípio* equivale à existência concreta de uma sociedade, à paixão específica que move os homens a realizarem a própria forma ou natureza, o ser. Num governo, uma *natureza* sem *princípio* é inconcebível, não existe. A uma determinada *natureza* impõe-se um determinado *princípio* correspondente;[18] a mudança de motivação principiológica

---

18. "*Da natureza dos três diversos Governos* – Há três espécies de governo: o republicano, o monárquico, e o despótico [...] O governo republicano é aquele em que todo o povo, ou apenas uma parte do povo, tem o poder soberano; o monárquico, aquele em que uma só pessoa governa, mas por meio de leis fixas e estabelecidas; enquanto, no despótico, uma só pessoa, sem lei e sem regra, tudo conduz, por sua vontade e por seus caprichos. Eis o que denomino a natureza de cada governo" (livro II, cap. I). "*Do princípio da democracia* – Num Estado popular, porém, é preciso alguma coisa mais, que é a virtude." (livro III, cap. III). "*De como a virtude não é o princípio do governo monárquico* – O Estado subsiste independentemente do amor pela pátria, do desejo de verdadeira glória, da renúncia a si mesmo, do sacrifício de seus mais caros interesses [...]" (livro III, cap. V). "*Como se supre a virtude no Governo monárquico* – [...] A honra, isto é, o pré-julgamento de cada pessoa e de cada condição, toma o lugar da virtude política de que falei e a representa por toda a parte. Ela pode inspirar as mais belas ações; pode, em conjunto com a força das leis, conduzir ao objetivo do governo do mesmo modo que a virtude." (livro III, cap. VI). "*Do princípio do Governo despótico* – Assim como a virtude é necessária numa república e a honra numa monarquia, é necessário o temor num governo despótico" (livro III, cap. IX).

pode, no entanto, impor uma nova natureza. Essa totalidade híbrida, autodeterminante e dialética, entre elementos concretos e abstratos, é denominada *forma política*.

A partir dos diversos exemplos históricos de associação impura entre aqueles elementos, Montesquieu tenta demonstrar a unidade contraditória em que vive a França de seus dias: inspirada no temor do cardeal Richelieu e do ministro Louvois[19] e na virtude política do movimento revolucionário.

Naqueles dias, a França vivia o governo monárquico de Luís XIV, ancorado, presumivelmente, no *princípio* da honra. A realidade, contudo, era distinta: aquele país mais se assemelhava a um Estado despótico, insuflado pelo princípio concreto da corrupção.

Em conseqüência, ao se defrontar com uma nova natureza de governo, Montesquieu passa a concluir que uma *mola*[20] adequada pode determinar a sorte da *natureza* de um bom ou mau governo e vice-versa.

Nas palavras de Althusser (1972, p. 70):

> É bem visível a dialética deste processo cujos momentos extremos são, quer a paz dos dois termos do par, quer o seu conflito; [...] verifica-se, portanto, a interdependência absoluta da natureza e do princípio na totalidade móvel mas embrionária do *Estado*. [...] Cassier louva Montesquieu por ter fundado uma teoria compreensiva moderna da história, isto é, por ter pensa-

19. Louvois (1641-1691) foi Ministro da Guerra e tornou-se o mais influente dos ministros (1683), ao sustentar e concretizar as políticas agressivas de Luís XIV, como a aplicação de medidas brutais pela perseguição dos protestantes, depois da revogação do Edito de Nantes.

20. O conceito de *mola* utilizado por Montesquieu é equivalente ao de *princípio* do governo, ou seja, o que leva um governo a agir, o que define a sua vida de governo e a sua condição de existência (Althusser, 1972, p. 61).

> do a história sob a categoria da totalidade, e os elementos desta totalidade numa unidade específica, *renunciando precisamente à idéia de que um elemento pudesse eliminar a influência dos outros.*

Como refuta, no entanto, o próprio Althusser, esta é uma intuição demasiado moderna para o pensamento montesquiano. De fato, existe um termo determinante: o *princípio.*[21] Para Montesquieu, as *leis* que representam a *natureza* das instituições encontram-se subordinadas aos *princípios*, e isso pode ser percebido em uma passagem de seu livro:

> Uma vez corrompidos os princípios do governo, as melhores leis tornam-se más e voltam-se contra o Estado; quando os princípios são sadios, as más têm o efeito das boas; a força do princípio tudo arrasta. [...] São poucas as leis que não são boas, quando o Estado não perdeu seus princípios (Montesquieu, 1973, livro VIII, cap. XI).

Isso põe em causa a dicotomia clássica entre forma e conteúdo, e a efetivação do conteúdo pela forma.[22] O conteúdo passaria a ter uma representatividade ou uma expressão própria que corresponderia, ou

---

21. Para exemplificar essa preponderância de um dos termos da relação, o princípio, Althusser (1972, p. 72) cita a passagem sobre a corrupção: "Da corrupção dos princípios dos três governos. Da idéia geral deste livro. A corrupção de cada governo começa quase sempre pela dos princípios".

22. Pitágoras, Platão e Aristóteles distinguem entre *forma* e *matéria / conteúdo*. Cumpriu a este último, porém, vincular esses dois termos em um processo de desenvolvimento. Aristóteles acreditava que a *matéria* não pudesse existir separadamente da *forma*; segundo ele a *matéria* conteria a natureza essencial de todas as coisas, mas apenas em potência. Já a *forma* lhe daria a efetividade (Capra, 1996, p. 33-4).

não, à forma. Assim, pelos exemplos apresentados na obra, um governo poderia ser monárquico na forma, mas despótico no conteúdo.

A implicação dessa dissociação pode vir em prol de um ou de outro elemento. É na filosofia política da época que começam a ser detectadas as mais radicais disfunções. Em outras palavras, é na modernidade que a transformação principiológica menos corresponde à mudança de *natureza* do governo. No exemplo da França de Luís XIV, uma forma de governo monárquico, então movido pelo princípio da corrupção, não mais se configura à mudança daquela *natureza*. Esta é a importante denúncia que faz Montesquieu: a quebra da unidade interna. Ao mesmo tempo, ele desponta com uma solução: há a possibilidade do resgate dessa unidade, pelo *bom* uso dos princípios (daí a exortação de seu mais profundo desejo), pela retomada da tradição (a volta do regime monárquico dos tempos do duque de Bourgogne).

Segundo Althusser, a visão da história para Montesquieu seria uma antecipação do pensamento marxista: uma realidade móvel com capacidade de captar, mas nunca explicar, o sentido de seus movimentos. Ele afasta a existência de um "motor da história": um elemento não é capaz de eliminar a influência de outros elementos; assim, inclui os fatores externos, materiais como igualmente preponderantes na relação. Sem emprestar à história um fim, ela não projeta no tempo a consciência dos homens e suas esperanças. Há delimitação de toda uma zona de eficácia subordinada a um elemento determinante. Esse seria o esboço de um materialismo histórico, em que o *princípio*/concreto ou conteúdo determina a *natureza*/abstrata ou forma.

Na verdade, como já havia sido posto, Montesquieu trata de buscar um equilíbrio entre o materialismo cartesiano e o idealismo iluminista. Enquanto todas essas considerações feitas por Althusser circunscrevem-se às leis positivas, cunhadas pela vontade humana, em *leis* anteriores e divinas, já haviam sido salvaguardados os preceitos da futura visão hegeliana.[23]

Outra importante contribuição do barão de Montesquieu vem a ser a exaltação do costume (mais especificamente da tradição) como causa originária principiológica e, portanto, determinante na relação princípio/natureza de governo.

Por meio de um estratagema metodológico, Montesquieu confere autonomia às leis positivas, resultado precípuo da liberdade humana, capaz inclusive de dominar fatores externos (físicos, como o clima, extensão do terreno e tipo de solo), ao mesmo tempo em que pode sofrer a ação direta desses mesmos agentes.

O elemento catalisador dessa relação causa/fator externo → efeito/lei/instituição particular é o homem, dotado de razão. Só o homem é capaz de ser influenciado por tamanha gama de causas (costumes) e fazê-las refletir em ação/princípio e concretude, ou seja, em expressão política. Somente ele produzirá a lei, a instituição e, enfim, a forma de governo.

Na medida em que o homem se faz conseqüência dessas causas, acaba por sucumbir a dois efeitos não excludentes entre si: a) define quais sejam as causas anteriores e elege a primazia dos costumes ante a das leis; e ao criar uma hierarquia entre costume e lei, justifica o retorno à *tradição* em contraposição às produções legislativas (editos e

---

23. Como o próprio Marx anuncia no prefácio de *O capital* (1873), seu método dialético, por seu fundamento, difere do método hegeliano, sendo a ele inteiramente oposto. Para Hegel, o processo do pensamento – que ele transforma em sujeito autônomo sob o nome da idéia – é o criador do real, e o real é apenas a sua manifestação externa. Para Marx, no entanto, o ideal não é mais que o material transposto para a cabeça do ser humano e por ela interpretado (Schilling, 1996, p. 60).

lit de justice[24] reais) emitidas no governo despótico francês; b) a partir do conceito vago de costume e da sua correlação com o *princípio*, o autor abriga, na expressão política das condições reais, materiais e morais, a escolha pelas três espécies de governo e a opção pessoal pela monarquia absolutista.[25]

24. O *ato de justiça* era o último recurso do rei que desejasse forçar o registro de um edito. Numa cerimônia, sessão do *parlement*, o rei comparecia pessoalmente e ordenava o registro de um ou mais editos. O Parlamento não tinha nenhuma base para opor-se, pois o rei apelava para a sua própria autoridade de único legítimo porta-voz do povo (Torres, 1989, p. 350).

25. Nesses termos, corrobora-se Althusser (1972, p. 84) no que diz respeito ao segundo efeito.

As três espécies de governos: aplicação do determinante *natureza/princípio*

Para o barão de Montesquieu, há três espécies possíveis de governo: a república, a monarquia e o despotismo.

Para o autor de *Do espírito das leis*, a república é um sistema do passado. Ela estava vinculada a pequenos impérios que foram solapados pela emergência dos grandes impérios do presente. As Repúblicas eram movidas pela virtude política e pela mediocridade geral, pois os homens se contentavam com pouco para serem felizes. Reduzidas aos exemplos longínquos da Grécia e de Roma, tinham na democracia o fundamento de sua ordem jurídica.

No regime democrático, os homens são "virtuosos" quando, dotados de razão, produzem voluntariamente uma legislação, a mesma ordem que os governa. São senhores submetidos ao poder de suas próprias leis (por isso são também súditos).[26] Essa consciência de homem/cidadão, de homem público, só ocorre com uma conversão moral sufragada pela educação. É o triunfo da razão social. Cumpre ao Estado legislador conduzir esse homem público na busca dessa virtude política. Mas qual será a fórmula utilizada para consagrar os velhos costumes e evangelizar a tradição hereditária da apropriação do poder?

A república de Montesquieu é uma "república dos notáveis", em que a democracia se exerce por delegação; de outra forma, seria um despotismo popular.[27] Para ele, a *plebe* é incapaz de pensar por si só e deve ser privada de todo e qualquer poder direto. Melhor dizendo, o

---

26. "O povo é, na democracia, monarca ou súdito, segundo o ponto de vista. Pelo sufrágio, que é a expressão de sua vontade, será monarca posto que a vontade do soberano é ele mesmo soberano" (Montesquieu, 1973, livro II, cap. II).

27. "As leis que estabelecem o direito de sufrágio são, portanto, fundamentais nesse governo. [...] máxima fundamental deste governo que o povo *nomeie seus*

povo tem consciência de sua impotência, pois, oportunizado a eleger-se, escolhe precisamente os seus senhores.[28]

A monarquia para Montesquieu é o presente de seu tempo. O rei governa só, mas seu poder é limitado por regras fixas e estabelecidas: as *leis fundamentais* do reino. Essas leis não são mais do que limites às pretensões reais e impedimentos para que ele não se torne um déspota. Como *lei fundamental* do reino tem-se a Constituição. Em defesa da Constituição, que fixa o respeito às tradições, estão os canais intermediários pelos quais passa o poder.[29] Essa *lei*, que fixa uma instituição

---

ministros. [...] lei fundamental da democracia é também que somente o *povo faça as leis*. Há, no entanto, mil ocasiões em que é necessário que o senado possa tomar decisões" (livro II, cap. II). "Quando os nobres são em grande número, é preciso um senado que regulamente as questões que o corpo dos nobres não seria capaz de decidir [...] a *aristocracia está*, de certo modo, *no senado*, a *democracia no corpo dos nobres* e que *o povo não é nada*" (livro II, cap. III – grifos nossos).

28. "Quem duvidar da capacidade natural do povo [...] embora o povo tenha adquirido o direito de elevar plebeus aos cargos públicos, ele não podia se resolver a elegê-los. [...] A maior parte dos cidadãos, que se bastam a si próprios para eleger, não têm muito de si para serem eleitos. [...] O povo [...] não a tem bastante para se gerir a si próprio" (livro II, cap. II). A contraproposta *federalista* norte-americana (1787) tentava desmentir os dogmas de Montesquieu que apontavam a incompatibilidade entre governos populares e os tempos modernos. O desafio teórico de *O federalista* era demonstrar que o espírito comercial da época não impedia a constituição de governos populares, ao contrário, o aumento do território e a proliferação de interesses comerciais seriam benéficos a essa sorte de governo (Limongi, 1999, p. 246-7).

29. "*Os poderes intermediários subordinados e dependentes constituem a natureza do governo monárquico*, isto é, daquele em que uma única pessoa governa por meio de leis fundamentais. [...] Essas leis fundamentais supõem necessariamente canais intermediários por onde flui o poder [...]. O poder intermediário subordinado mais natural é o da nobreza. De certo modo, ela participa da essência da monarquia [...]. Se numa monarquia abolis as prerrogativas dos senhores, do clero, da nobreza e das cidades, tereis ou um Estado popular, ou um Estado despótico" (livro II, cap. IV).

política, preserva duas ordens sociais: a nobreza e o clero. Na verdade, a *lei*, ao designar os corpos privilegiados, sublinha a dependência real à existência daquelas classes, por isso o dever de conservá-las (Althusser, 1972, p. 94-6).

Com habilidade, fixa-se juridicamente a constância desse regime numa *lei fundamental* com correspondência numa ordem social, cuja imprescindibilidade é combater a iminência do despotismo. Segundo Althusser, passa-se a descrever essa distribuição do poder como uma "forma pura", dotada de uma dinâmica própria.

Vincular o sucesso do poder real ao domínio equilibrado de categorias como o *espaço* e o *tempo* é outra manobra ardil para salvaguardar os direitos da aristocracia francesa. Assim, o rei deve compartilhar o *espaço* do poder com uma extensa estrutura social que, composta de ordens e estados, lhe dará a medida do poder, ao mesmo tempo que o conserva. São as *potências* da nobreza e do clero que lhe darão a profundidade política dos *quereres* do povo; já o *tempo* deve ser contrabalançado por uma ordem burocrática, pois é dela que receberá a medida para manter, por longo tempo, o domínio de seu poder sob o reino. Em ambos os casos, democracia e monarquia, portanto, *notáveis* dotados de estirpe e fortuna e nobreza, respectivamente, ocupam o lugar de oráculos reais.

Não basta definir o despotismo como o governo de um só, sem leis e regras que o limitem. A idéia de despotismo é uma idéia política, em que o limite do poder é o próprio político que o detém. O déspota não dispõe de uma estrutura, nem jurídica, nem política, nem social, daí o perigo de banimento dos canais intermediários.

Quando toda a política se reduz à paixão, nada distingue os homens. Este vem a ser o reino da extrema igualdade que rebaixa todos como súditos. Não subsistem *leis fundamentais*, tampouco costumes ou tradições. É a supressão das ordens pelo nivelamento geral, por isso evoca-se tamanha preocupação. O déspota dirige-se impiedosamente aos "grandes", pois tem de afastar a ameaça de expropriação do poder que o cerca. O povo, ao contrário, encontra-se ao abrigo dessa luta e pode dedicar-se ao cultivo de suas paixões: vivendo em um contexto de total miserabilidade, isso só lhe conduz ao regime das revoluções. Para Montesquieu, essas forças populares necessitam de um freio de reflexão: na república, são os "grandes" que se elegem; na monarquia, as ordens intermediárias; mas, no despotismo, como dominar esses instintos sem alguma ordem legal ou social que se imponha? (Althusser, 1972, p. 123).

A obra do barão de Montesquieu vem como um aviso claro ao rei: uma boa aliança, com uma razoável e vantajosa troca de favores entre o príncipe, que necessita da proteção para defender do povo a sua coroa, e a nobreza, que irá assegurá-la. É a lógica da separação dos poderes que fornecerá a viabilidade futura dessa única *natureza* de governo possível.

A configuração do mito da separação dos poderes

Quando Montesquieu propõe a teoria da separação dos poderes,[30] dispondo que um poder seria limite do outro poder, num "sistema de

30. Para Châtelet et al. (1985, p. 61), o barão de La Brède induz uma nova classificação dos regimes políticos, ao cabo da qual o governo *moderado*, assegurado pela *separação dos poderes*, revela-se a única solução institucional para a *liberdade política*. A proposta dos "federalistas" (1787) norte-americanos também refletia o pensamento liberal e constitucional da época. Contra as tendências naturais do poder (tirania e arbitrariedade) deveria ser oposta uma limitação que só poderia ser feita pela contraposição de outro poder, isto é, o poder freando o poder. James Madison, autor da teoria norte-americana, apoiou-se expressamente na teoria de Montesquieu, impondo, no entanto, algumas reservas. A solução norte-americana descartava a origem do "governo misto", em que *funções* eram distribuídas a

freios e contrapesos" de competências e funções, queria salvaguardar os interesses de sua classe. O famigerado equilíbrio entre Executivo, Legislativo e Judiciário que tanto serviu aos ideais republicanos – para a derrubada da monarquia e para a justificação da primazia parlamentar e convocação dos Estados Gerais –, em verdade, não passou de um modelo teórico, puramente imaginário, que tinha como escopo muito mais a conservação do poder que a própria revolução.[31]

Dos trechos de sua obra extraem-se alguns outros elementos, ainda pouco analisados na contemporaneidade da ciência política: a) a interdependência entre os três poderes: Executivo, Legislativo e Judi-

---

diferentes grupos, podendo haver ou não a coincidência deste com uma "separação dos poderes" distintos e autônomos. Para frear o Legislativo, era necessário criar uma Segunda Câmara – o Senado –, e guarnecer o Judiciário com o poder de interpretação final sobre a Constituição. Assim, constituia-se um governo limitado e controlado para assegurar uma esfera própria para o livre desenvolvimento dos indivíduos, em especial de suas atividades econômicas. Dessa forma, a *virtude* havia sido substituída pelo bem-estar material. J. Madison naturaliza a existência da desigualdade econômica e social entre os indivíduos, quando propõe a neutralização dos efeitos das diversas "facções", oriundas principalmente do direito de propriedade, pela potencialização de outras facções. Levar à coordenação dos interesses (facções dos governos populares) é a marca distintiva das repúblicas (Limongi, 1999, p. 250-5).

31. Um mito fundador pode ser caracterizado como um vínculo incessante com o passado, conservando-o como presente, e não permitindo o trabalho da diferença temporal e da compreensão do presente como tal. Nesse sentido, o mito é um impulso à repetição de algo imaginário que cria um bloqueio à percepção da realidade e impede que se lide com ela. Essa fundação aparece como algo emanado da sociedade, cujo repertório inicial de representações da realidade, em cada momento histórico, é reorganizado. Isso se dá pelas ideologias vigentes que passam a se alimentar de representações produzidas pela fundação, atualizando-as. Assim, o mito deve ser avaliado segundo sua eficácia social, e não em relação à verdade que carrega (Chauí, 2000, p. 9-10; Rocha, 1999, p. 14-5; Caubet, 1986).

ciário, e a interferência entre ambos, ditando a quase nulidade do Judiciário;[32] b) separado juridicamente em dois poderes, há a proeminência de três *potências*: o rei, a nobreza e a "burguesia" (*povo*); c) a combinação de equilíbrio e moderação das três *potências* satisfaz a preservação do poder monárquico absolutista, em contraposição ao despotismo, e da nobreza como canal intermediário, que é representada pela Câmara Alta, na experiência inglesa, e por um dos três Estados gerais, no caso francês.

A preocupação de impedir a constituição de um governo despótico vem refletida em parágrafos posteriores à descrição da divisão dos poderes. Segundo o autor de *Do espírito das leis*, toda vez que ocorrer uma reunião dos três poderes numa só pessoa, haverá menos liberdade individual e a supressão das vontades particulares de cada cidadão (Montesquieu, 1973, livro XI, cap. VI).

Assim, nada melhor que designar a uma das partes do *Legislativo* (Câmara Alta), composta pela nobreza, a função de manter o equilíbrio entre os poderes, para que eles não se rendam à tentação despótica (ibidem).

Essa composição presume uma representação, já que o povo não é capaz de desempenhá-lo sozinho, um dos "inconvenientes da democracia".[33] A representação será feita considerando o direito de voto de

---

32. "Desse modo, o poder de julgar, tão terrível entre os homens, não estando ligado nem a certa categoria, nem a certa profissão, torna-se, por assim dizer, invisível e nulo. [...] Dos três poderes de que falamos, o de julgar é de certo modo nulo. Restam apenas dois; e como eles têm necessidade de um poder regulador para equilibrá-los, a parte do ***corpo legislativo composta pelos nobres*** é muito adequada para produzir esse efeito" (livro XI, cap. VI).

33. "A grande vantagem dos representantes é serem eles capazes de discutir os negócios públicos. O povo não é de todo adequado para isso; o que constitui um dos grandes inconvenientes da democracia" (livro XI, cap. VI).

todos, à exceção daqueles que se encontram em condição tão baixa que não sejam capazes de expressar a vontade própria.

O Legislativo será dividido em duas partes: uma confiada ao corpo dos nobres, outra ao *povo*. A distinção é necessária e natural, pois os nobres são pessoas de uma linhagem hereditária, usufruem de riquezas e de honras e, portanto, correspondem a mais de um voto, em relação à Câmara Baixa; sem esse estímulo, não teriam interesse em participar do Legislativo nem de contrapor-se às tentativas de deposição do povo (ibidem).

Dos três poderes, o Judiciário é quase nulo; afinal, os juízes da nação não são mais do que o instrumento de pronúncia das leis e não têm competência para moderá-las, segundo o caso concreto.[34] Esse poder corresponde ao do Legislativo, além do que o poder Judiciário sofre limitação em sua jurisdição, toda vez que vier a julgar um membro do Legislativo, pois ele deverá ser submetido ao "julgamento por seus iguais" (ibidem).

O Executivo deve estar nas mãos de uma só pessoa, de um monarca, porque a esse cargo compete tomar decisões rápidas. O Executivo tem o poder de convocar o Legislativo e, participando da atividade Legislativa, deve exercer a sua faculdade de veto, cabendo a ele fazer cessar as aspirações abusivas do Legislativo.

Assimetricamente, o poder Legislativo não dispõe da faculdade de contenção do Executivo, pois isso já se faz por sua própria *natureza*, muito menos lhe compete o poder de julgar a pessoa do rei, pois esta é considerada sagrada (ibidem).

---

34. "[...] os juízes da nação, como já dissemos, não são mais do que a boca que pronuncia as palavras da lei; seres inanimados que não podem moderar-lhe nem a força nem o rigor" (livro XI, cap. VI).

O verdadeiro equilíbrio não é outro senão a divisão e a gestão do poder entre as *potências*. Para isso, é excluída outra proposição autolimitativa: o poder Judiciário não pode ser acumulado pelo rei, pois, se assim o for, poder-se-á aniquilar a nobreza, esvaziando-a de privilégios e julgando-a culpada de expropriações. Colocar-se-á a Câmara Baixa contra ela e desfigurar-lhe-á a legitimidade representativa.

A combinação desses dois estamentos (*potências*) – rei e nobreza – traduz um acordo de troca de vantagens. Ao mesmo tempo em que consagra a nobreza como uma força política natural e reconhecida juridicamente, na Câmara Alta, também garante a ela privilégios, inclusive de foro especial para julgamento, contra o rei e o *povo*. Em contrapartida, o rei usufrui de sua fidelidade e proteção contra as revoluções populares.

Na literatura política daquele século, forçosamente se observava a vigência de uma idéia: a monarquia absoluta havia se estabelecido contra a nobreza e se apoiava nos plebeus para reduzi-la à sua *mercé*.[35] De fato, isso não passava de uma análise errônea da nobiliarquia, que enxergava nos conflitos superficiais a essência das coisas.

A economia mercantil da época associava com sucesso os interesses da Coroa aos dos burgueses comerciantes. Era o tempo dos financiamentos estatais para as grandes companhias de navegação. Com os lucros, os comerciantes compravam terras e títulos, servindo-se daquela ordem feudal. Em contrapartida, a nobreza também se beneficiava dessa nova *ordem* emergente. Como aristocrata e membro da nobreza, a Montesquieu coube referir-se à burguesia como outra *potência* inevitável. O aparecimento da monarquia absoluta não modifica o regime de exploração feudal, apenas sofistica a forma da dominação

35. Daí a nostalgia dos *germanistas* em prol de uma monarquia primitiva: de um rei eleito pelos nobres.

política (Althusser, 1972, p. 151). Desejosa de satisfazer seus interesses particulares e ansiosa por recobrar suas antigas prerrogativas, a nobreza acabou tramando contra seu próprio rei, que só fazia articular os interesses gerais da classe.

O povo mantinha-se alheio aos debates teóricos e às estratégias de cooptação que se instalavam. Para a massa dos explorados camponeses, pequenos artífices e lojistas restavam apenas silêncio e violência. A lição do barão de La Brède só tinha sentido quando se evitava confundir *liberdade política* com poder do *povo*. A liberdade política vinculava-se estritamente à implantação do *princípio da legalidade* (Châtelet et al., 1985, p. 65).

Reflexões sobre a origem democrática no Estado moderno

A convocação dos Estados gerais, no período pré-revolucionário, demonstrou, sem dúvida, a erosão político-ideológica do absolutismo, mas estava longe de significar uma fonte alternativa de legitimidade do poder político. Esse viria a ser apenas o primeiro passo de um processo que ambicionava a efetiva destruição daquela base institucional.

Naquele momento (1786), a Coroa encontrava-se premida para viabilizar fórmulas econômicas que saneassem o país. A elevação das receitas era necessidade emergente, e uma das formas de fazê-la seria cortar privilégios da nobreza e do clero.

A intransigência dessas duas *ordens* em apoiar essas medidas foi instigada por De Brienne e seu plano administrativo, que, ao criar as assembléias provinciais, deu ao Terceiro Estado peso equivalente ao dos demais Estados estamentais.

A recusa em aprovar o registro dos editos fiscais, os quais estariam submetidos às novas províncias, criou um inesperado impasse entre o Parlamento de Paris e a Coroa e, assim, mesmo que por objetivos diferenciados, engrossou-se o pedido de convocação dos Estados gerais em agosto de 1788. Mas como viria a ser feita essa convocação? Por quem seriam compostos os Estados gerais? Qual seria o peso de cada Estado? Qual a função que eles desempenhariam?

Na verdade, como enfatiza Torres, o apelo em torno da convocação dos Estados gerais fora pautado pela indefinição de sua identidade política. Em 1788, havia uma forte dissidência entre os que desejavam a adoção da fórmula representativa tradicional[36] e aqueles que desejavam uma articulação mais ampla[37] em torno do Terceiro Estado, sopesando-o em relação às outras duas *ordens*.

Mais tarde, com a autodeclaração da Assembléia Nacional, em junho de 1789, o Terceiro Estado passava a introduzir, no campo institucional, uma idéia diferente de poder e de direito. A nova figura da

36. Incluía-se, além da nobreza e do clero, o Parlamento de Paris. A fórmula tradicional de voto era: por Estado ou *por ordem*. Com essa fórmula, o Terceiro Estado continuava em desvantagem na tomada de decisão da Convocação, pois recebendo cada Estado o peso um (1) o resultado era normalmente 2 x 1.

37. Deste lado estava a articulação do Partido Nacional, que se opunha ao fracionamento da nação nos moldes de 1614. Essa corrente que agrupava tendências diversas da sociedade civil francesa defendia o voto *por cabeça* de representante, cujo resultado nas decisões lhe daria o seguinte resultado: 1/3 dos membros dos seus representantes (580), equivalentes ao Terceiro Estado, somado a membros da aristocracia, do clero e da família real, que simpatizavam com suas propostas (560), além das alianças que se promoviam com comerciantes e industriais. Isso lhe daria a maioria dos votos. (Os valores apresentados entre parênteses correspondem ao número de membros votantes na Convocação de 5/maio/1789). Na verdade, o Partido Nacional, que assumiu as vezes de Terceiro Estado, era formado por uma seqüela oportunista que nos últimos trinta anos debatia-se no jogo do poder: compunha-se de intelectuais, como Condorcet, fisiocratas, como Dupont, aristocratas, como Lafayette e membros da família real, como o duque de Orleans. Defendiam o voto por *cabeça* (Torres, 1989, p. 355-6).

identidade social era a da *nação indivisa*, e o *Tiers*, do Partido Nacional, assumiria sozinho a personalidade dos Estados gerais. Mas será que nessa nova configuração de forças políticas haveria lugar para o povo?

> [...] que os representantes do Terceiro Estado não sejam escolhidos se não entre os *cidadãos* que partem verdadeiramente do *Terceiro Estado* [...] *que os Estados Gerais não votem por ordens, mas por cabeças* [...] A primeira tentativa do Governo foi a criação das Assembléias Provinciais. Era como *proprietário* e não como padre ou nobre, que deveria ser chamado a estas assembléias [...] [que sejam] suportadas igualmente as imposições. [se o mais] rico deve pagar o mesmo que o mais pobre. [deveria implicar uma identidade e igualdade política (Rocha, 1998, p. 138 – grifos nossos).

A tentativa de Sieyès de querer dispor sobre uma nova concepção de sociedade-nação (aproximando Estado, pessoa jurídica e "sociedade civil") e de justificar o predomínio do Terceiro Estado, como representante legítimo da sociedade, ante sua superioridade numérica (25 milhões de homens), acabou por valer-lhe uma fervorosa crítica.

Sieyès, um dos constituintes franceses de 1791, ao escolher a representação homogênea na figura de *nação*,[38] cede, de fato, à ideologia monárquica unificadora; dessa forma, ele: a) preserva o seu rei (art. 2º, título III da Constituição Francesa/1791); b) ao mesmo tempo, elege o *Terceiro Estado*, reprodutor da divisão estamental, como titular-substituto do poder.

---

38. Seu conceito não foi criado para fazer frente a uma sociedade dividida (plúrima), mas sim, para fazer frente a uma sociedade constituída por um só corpo homogêneo e utópico. (Rocha, 1998, p. 136-42.)

Ele se furta ao universalismo proposto, na medida em que passa a proteger os privilégios de uma outra classe (burguesia em ascensão) em detrimento das demais: "era como *proprietário* [...] que devia ser chamado a essas assembléias".[39]

O limitado sucesso das idéias de Robespierre e de Abbé Grégoire e do seu reino da igualdade, em que todos seriam cidadãos, tem origem na concepção de que "uns já eram muito mais cidadãos que outros".[40]

Por certo, a origem divina e o princípio da legitimação externa do poder, bases do mistério monárquico, sofreram profundas e radicais superações com a instauração da Assembléia Nacional (17/jun/1789). A legitimação do poder foi transferida para a competência interna do sistema: a relação de forças sociais e sua respectiva representação ditariam a nova ordem, respaldadas, dessa vez, pelo *mistério* da nação (Torres, 1989, p. 381-2).

---

39. Para Rocha (1998, p. 130), a burguesia sempre fala por si e por outras classes, envolvendo um discurso mítico de soberania em caráter geral (igualdade e legitimidade) oriundo do povo, nação. Para esse autor, mesmo a teoria rousseauniana de origem social do poder (soberania popular) legitima ao final a classe dominante que se utiliza do consenso para dominar e persuadir.

40. A burguesia francesa, aí se inclui a pequena burguesia revolucionária jacobina de Robespierre, tendo derrubado o antigo regime e afastado os principais entraves ao desenvolvimento do capitalismo, voltou as costas para a revolução e procurou uma ordem política estável, que consagrasse suas vitórias, mantivesse o povo afastado do poder e defendesse os interesses da França burguesa na arena européia. Para tanto, restos do Antigo Regime monárquico foram mantidos e durante a Restauração sobreviveram em grande medida na superestrutura política: o voto censitário eliminou do parlamento qualquer representação dos operários, camponeses ou da pequena burguesia. A classe operária não tardou em aparecer como força política independente. Em 1848, depois em 1871, sofreu grave repressão, respectivamente por Cavaignac e Thiers (Joffily, 2001, p. 28-33).

Em síntese, nem a Declaração dos Direitos Humanos (1791), dotada de intento universal, foi capaz de construir um conceito de cidadania (Andrade, 1998, p. 125) e acabou por manter em seu bojo a dicotomia homem/cidadão. Com base político-ideológica liberal e com fundamento epistemológico positivista-normativista, esse conceito reflete, quase que exclusivamente, o direito à representação política.

O cidadão é então definido como indivíduo masculino nacional, titular de direitos eleitorais (votar e ser votado) e do direito de exercer cargos públicos. Esse conceito limita o exercício da cidadania a um modelo específico de democracia: a democracia representativa ou indireta.

Por conseguinte, desde a instituição do Estado moderno, passando pelo Estado de direito até a constituição do Estado democrático de direito, reconheceu-se poder e influência apenas às *potências políticas* com capacidade de organizarem-se em grupos de pressão. Assim foi nos tempos em que a nobreza não se fazia ouvir em Versalhes, assim foi quando parte da aristocracia se uniu aos interesses da burguesia emergente e deflagrou a constituinte francesa, em 1791, ou quando *Thiers* negociou com o exército bismarckiano a liberdade dos soldados franceses para guerrear contra os comunardos de Paris,[41] provando que a união de interesses pode se dar de maneira transfronteiriça.

A crise do princípio democrático na origem da ideologia constitucionalista

Parte da crise de legitimidade democrática vivida pelo cenário político atual tem, segundo interpretação da ideologia dominante, sua

---

41. Após o movimento revolucionário de 1849, um golpe de Estado fez surgir na França, em dezembro de 1851, o II Império. Empenhando-se em levar as fronteiras francesas até o nível atingido no I Império, Napoleão III entrou em guerra contra a Alemanha de Bismarck (Lima, 2001).

origem na própria formação da sociedade civil e no surgimento do Estado moderno. Sem dúvida, ela se originaria da associação de alguns fatores, dentre os quais se destacam a ideologia constitucionalista inglesa, balizada pelo princípio liberal, e os pressupostos democráticos, derivados da doutrina contratualista.

O Estado moderno, como criação racional dos homens e fundamentada na vontade do povo, se expressa na própria vontade do poder e tem na soberania a sua última e definitiva justificação. As constantes distinção e separação entre direitos fundamentais, pacto social e ato constitucional, guardadas no carisma contratualista, viriam a ser rigorosamente substituídas pelos processos constituintes,[42] e a ideologia do constitucionalismo se transformaria na própria realidade constitucional. Em decorrência da formulação teórica do jusnaturalismo contratualista, a lógica do Estado constitucional resultou na aplicação do princípio democrático: o povo como titular do poder constituinte soberano era o único encarregado de elaborar e aprovar a Constituição. Esse poder, que era absoluto e total, com a aprovação da Constituição, viria a se dissolver. E, assim, o poder soberano do povo, cuja presença se fazia indiscutível como protagonista do ato constitucional, se converteria em um poder letárgico e oculto, em que a vontade e a existência só poderiam adquirir dimensões históricas concretas na atuação e na vigência de sua própria obra como poder constituinte.

---

42. Assim como Sieyès, os demais contratualistas partem da virtude da soberania popular para fundamentar a teoria do princípio democrático. Esse poder soberano, materializado ora no poder constituinte, ora no pacto social, acaba, no entanto, sendo sacrificado em nome de uma ordem transcendente de princípios e de razões, mantendo o critério de uma *ordem natural*. Direitos Fundamentais (princípios anteriores, incluem a liberdade, que direcionam o projeto de Estado) → Pacto Social/Contrato Social (fundamentos da ordem "democrática", formação da sociedade civil) → Ato Constitucional (fundamento do poder soberano, "atividade política" da sociedade pelo poder constituinte) (García, 1998, p. 7-56).

O *princípio político* da soberania popular se transformaria em *princípio jurídico* da supremacia constitucional. Daí sustentar-se, paradoxalmente, que poder soberano possa ser direito, ou Constituição, e, com igual fulgor, dizer que o Estado constitucional é também a ausência desses elementos.[43] Ora, se no melhor dos casos a soberania está restrita à Constituição, e se a competência do Estado só atua dentro desse âmbito, é porque no Estado constitucional admite-se um único sistema de poderes, constituídos e submetidos ao seu inteiro controle.[44]

Foi a partir desse estratagema jurídico-político que o Estado constitucional, ideal revolucionário burguês, tornou-se noção universalmente aceita. Esse mesmo Estado ainda haveria de reduzir a vida política do cidadão ao grau meramente decisionístico,[45] desconectando a realidade social da normativa contratualista.[46]

---

43. Assim, argumentam autores como Paine, Kelsen e Krabbe, e contra-argumentam autores como Kriele (García, 1998, p. 28).

44. A dissolução *a posteriori* do poder constituinte não conduziu à constituição e à limitação dos poderes do Estado, mas à vertebração de um Estado constitucional em que os seus governantes terminaram exercendo o poder sem controle de qualquer tipo (ibidem, p. 43).

45. Schumpeter modificou o conceito clássico de esfera pública, ao verificar que o primado da atividade democrática não mais se encontrava no povo ou na massa de eleitores, mas nas elites e nas organizações que, competindo entre si, por meio do sufrágio periódico, buscavam a apropriação do espaço na ordem de poder estatal. Nesse mercado político, circunscrito ao momento eleitoral, os eleitores são em regra condicionados a alternativas dicotômicas, em que os partidos políticos produzem um tipo especial de bens, programas de governo e políticas públicas (Pereira, 1995, p. 91; ver também Tavares, 1998, p. 11-3).

46. Diferentemente do positivismo jurídico, doutrina em que o Estado era convertido numa realidade metafísica e a Constituição em uma entidade simbólica, a doutrina do positivismo sociológico veio proclamar o valor supremo da realidade e terminou por reduzir a política à pura decisão. Nesse sentido, cabe a reflexão

No mundo contemporâneo, o avanço do processo de globalização provocou a substituição da *ideologia do constitucionalismo* pela *ideologia da constituição*. Os ideólogos da mundialização econômica, com inteligência e astúcia, não combateram sistema de valores, nem criticaram os princípios que historicamente definiram a realidade constitucional (ou a sua materialidade[47]), ao contrário, preferiram proclamar o "fim das ideologias" (Bell) e o "fim da história" (Fukuyama), com o objetivo de sustentar um sistema de poderes efetivo que atuasse no mercado mundial, difundindo-o como a materialidade vigente em todos os Estados. Dessa forma, a série de poderes políticos constitucionalmente garantidos[48] acabou sendo encoberta por desequilíbrios funcionais e usurpações de poder, e a quebra dessa harmonia passou a ser encarada como um fatal e misterioso acontecimento do destino. Na era da

---

de Carlos de Cabo, para quem o constitucionalismo liberal, quando decidiu adequar suas estruturas históricas, transformando-se em constitucionalismo social, nada mais fez do que recobrar o velho Estado liberal. Também, nesse contexto, não poderiam escapar as críticas de Lasalle e von Stein relativas à dissociação entre Constituição formal e Constituição material (García, 1998, p. 31-2, 46). Esse movimento também resgatou as categorias *espaço* e *tempo* e as relacionou com a teoria constitucional (ver item "as três espécies de governo: aplicação do determinante natureza/princípio" neste capítulo).

47. De fato, essa materialidade foi construída como simples recurso metafísico, nunca material, refletida em categorias e conceitos abertos e abstratos (justiça, liberdade, direitos humanos), sem a possibilidade de efetivação concreta (ausência de descrição de conteúdo ou instrumento de eficácia, sujeita a futuras normatizações).

48. Na combinação entre vontades concreta e abstrata, respectivamente do governante e do governado, surge a dimensão organizacional de controle a ser garantida constitucionalmente. Essa busca desesperada pela legitimidade democrática no âmbito do controle institucional inverte a lógica da própria construção do Estado Constitucional, que seria a de outorgar certa racionalidade ao mundo político e social (García, 1998, p. 36-7).

ideologia da constituição, a própria Constituição converte-se em um instrumento legitimador desse "mundo" confuso, desordenado e caótico, manipulado ideologicamente pelos atores que interagem no mercado.

Faz parte da lógica da globalização econômica apresentar um "mundo" em que o Estado venha a ser o único referencial da atividade política, em que pese permanecer ausente o princípio democrático como critério justificador da sua estrutura. Nesse sentido, profere Pedro García (1998, p. 32), constitucionalista espanhol:

> [...] Não obstante, nós enfrentamos agora uma situação em que a desvertebração democrática do Estado converte diretamente a Constituição, como um grande programa político de liberdade, no único critério legitimador da vida pública. Porém, trata-se de uma Constituição que afastada de pressupostos históricos e das bases sociais nos quais deveria encontrar sua fundamentação, como conseqüência do debilitamento do *princípio democrático* (grifo nosso).[49]

A debilidade material do princípio democrático e a fragilidade institucional do princípio da separação dos poderes são apenas dois bons exemplos do uso eficaz de técnicas argumentativas que patrocinam a criação de uma verdadeira "crença coletiva" acerca de um determinado significado. Essa aplicação, além de construir uma realidade, busca conservá-la em prol de interesses específicos.

---

49. "*Nos enfrentamos, no obstante, ahora ante una situación en la que la desvertebración democrática del Estado conduce directamente a convertir a la Constitución,* como gran programa político de la libertad, *en el* único criterio *legitimador de la vida pública. Pero se trata de una Constitución que alejada de los presupuestos históricos y de las bases sociales en los que debería de encontrar su fundamentación, como consecuencia del* debilitamiento del principio democrático".

A configuração da realidade

Toda e qualquer construção humana, seja na ciência, seja na arte, na filosofia ou na religião, pressupõe ou tem como seu ponto de partida o real. O ato de questionar-se sobre o sentido da vida, a partir de sua consciência reflexiva, e de *construir* conceitos de realidade(s) que varia(m) segundo a posição em que se encontra o sujeito/observador, são características próprias do ser humano. Como esclarece W. Luijpen em *Introdução à fenomenologia existencial*:

> Quem compreende que o mundo e a verdade sobre o mundo são radicalmente humanos, está preparado para conceber que não existe *um* mundo em si, mas muitos mundos humanos, de acordo com as atitudes ou pontos de vista do sujeito existente (apud Duarte Júnior, 1986, p. 26-67).

Assim, a discussão sobre a diversificação das realidades e a variedade dos mundos está associada à das múltiplas verdades, cada uma dessas verdades com o seu valor específico num determinado contexto, não restando grau ou precedência de uma (verdade científica, por exemplo) em relação às outras (sejam estéticas ou filosóficas).

É pela linguagem – sistema simbólico pelo qual se representam as coisas do mundo, pelo qual o mundo é ordenado e recebe organização – que o homem se percebe refletindo sobre si mesmo. O homem não está cercado apenas por um universo físico, aquilo que é captado pelos sentidos, mas também encontra-se imerso em um universo de significados (*nomes*) que a palavra empresta ao mundo. Assim, pode-se falar no mundo como um acervo de conceitos e conhecimentos, mais ou menos amplo, que cada indivíduo coleciona durante sua educação cultural. Além de representar um mundo singularizado, a linguagem representa a realidade social de um povo, a qual é dialeticamente vinculada às condições materiais por ele obtidas.

Em outras palavras, vale dizer que esse sistema lingüístico também condiciona a percepção dessa realidade, definindo o seu modo de ação, reação e autoconservação, o que significa que um sistema de linguagem poderá predeterminar conceitos e suas respectivas associações, os quais serão recepcionados e aplicados, via ação pedagógica,[50] por uma determinada coletividade.

Dessa forma, o real será sempre a correspondência entre a materialidade das coisas do mundo e o sistema de significação utilizado para organizá-lo.[51] Essa espécie de relação se dá pela excelência do *processo de tipificação*, o qual impõe padrões de interação entre os indivíduos.

A edificação da realidade é deveras um processo de acumulação de significados: a partir do contato direto entre objetos e sujeitos, da possibilidade de manipulação imediata dos fatos e fenômenos sociais, inclusive das ordens instituicionais, uma coletividade ou um indivíduo se comunica e se constrói.

Na medida em que esses sujeitos se movem para esferas ou áreas distantes de suas práticas rotineiras, surge a necessidade de incorporar um sem-número de distintas categorias conceituais. Esse sem-número de categorias conceituais é encontrado nos diferentes sistemas de linguagem. Essas novas aquisições simbólicas ingressam na reali-

---

50. Bourdieu (1992, p. 27) refere-se à ação pedagógica para caracterizar toda verdade objetivada e representada como necessária e "natural". Definida pela classe dominante, é incontestavelmente uma ação arbitrária.

51. Os nossos sentidos passam por uma aprendizagem, vinculada à linguagem, de tal modo que ao vermos um prato sobre a mesa, logo nos vem um conceito, chamado conceito circular, à mente, que independe de nosso ângulo de visão (Duarte Júnior, 1986, p. 26-7).

dade daqueles sujeitos, devidamente enquadradas nos esquemas e nas classificações usualmente difundidas.[52]

Importados de códigos específicos como os da matemática, da física ou das artes, tais conceitos pertencem a diferentes sistemas de representação e deveriam ser interpretados segundo seus respectivos códigos lingüísticos. À mercê do que deveria ocorrer, tornou-se geral o uso da chamada *extensão interpretativa* ou *distorção de significado*, em que o léxico de uma linguagem específica é utilizado para a compreensão de um conceito que pertence originalmente a um código distinto.

Padrões, tipificações e formação de hábitos contribuem para a conservação de uma realidade estável e segura do mundo, que decorre precipuamente da interação humana. A essa perene consensualidade entre comportamentos e tarefas, verdadeiros padrões de execução com um fim específico que podem ser cumpridos por quaisquer indivíduos dentro daquele respectivo contexto, chama-se *instituição*.

Transmitida após gerações, a *instituição* torna-se crença de uma realidade objetiva e exigida, transformando-se num estatuto similar ao de qualquer coisa cuja origem seja física ou natural. Esse fenômeno é denominado *reificação*.

Destacadas de sua origem histórica, as instituições se tornam independentes de suas vontades originárias. A alteração desse sistema é impedida pelo mecanismo de controle social.[53]

---

52. Assim, procura-se aplicar critérios de verdadeiro ou falso, certo ou errado, feio ou bonito aos mais diferentes sistemas lingüísticos; como se verifica usualmente, em uma exposição de artes plásticas, de *arte abstrata*, tentamos encontrar contornos e formas que nos são conhecidos, e logo aplicar critérios aos quais estamos afeitos rotineiramente (Duarte Júnior, 1986, p. 32-3).

53. Muito comum é o choque entre dois universos simbólicos distintos. Nesse caso haverá uma alternativa à realidade apresentada como única e verdadeira e

Assim, o homem é simultaneamente criador e padronizador de condutas e de *instituições* que, uma vez *reificadas* e dissociadas daquele, passam a determiná-lo e a condicioná-lo no curso de sua própria socialização. Trata-se de um processo de autodeterminação, alternado ora pela ação subjetiva/individual, ora pela consciência objetiva/social.

A *instituição social* conta com um cabedal normativo para legitimá-la. É por meio da linguagem que, ao fim e ao cabo, são traçadas as razões de sua existência, a elaboração e a ordem de transmissão de seus conceitos. A legitimação institucional depende diretamente da formulação um aparato teórico[54] dotado de um alto grau de abstração, capaz de reunir um conjunto próprio de conhecimentos manipuláveis por seus técnicos. É por meio da criação de um universo simbólico, sistema lógico e consistente, que se justifica e se explica a existência e a necessidade de uma *instituição*.

De fato, lógica e coerência são significados abstratos que só adquirem sentido quando intermediados pela relação lingüística. O circuito relacional entre esses significados e seus objetos concretos é resultante da iminência ideológica de determinados grupos sociais.

Servindo de suporte discursivo e agindo como legitimador oficial do sistema, o positivismo lógico de Wittgenstein, do *Tractatus*

---

existirão pelo menos dois *discursos oficiais* em questão. Nesse embate, um universo procurará superar o outro justificando-se como a melhor escolha. A censura é um mecanismo engendrado pelos universos simbólicos para autoconservarem-se. Essa rivalidade é marcada pela disputa entre forças, material e física, e poder, o que sobremodo definirá o resultado do conflito. (ibidem, p. 64-7).

54. É preciso notar o *poder* realizador das teorias e sua capacidade potencial de tornar *realidade* os seus conceitos na vida cotidiana (Duarte Junior, 1986, p. 53).

Logico-Philosophicus (1921) e do Círculo de Viena,[55] teve uma importância fundamental na justificação teórica e na reificação das instituições de sua época. Nesse sentido, o positivismo lógico laborou para manter e arraigar, no conjunto do universo simbólico, concepções despidas de quaisquer componentes políticos. Para tanto, afirmaria a existência de um perfeito paralelo entre o mundo dos fatos reais e as estruturas de linguagem, o que resguardaria a tradição de seu mundo.

---

55. É necessário salvaguardar a obra de Wittgenstein (1979), uma vez que ele não rejeita peremptoriamente a metafísica, como os demais positivistas, apenas ressalva que ditas apreensões intuitivas não podem ser expressas pela linguagem. O positivismo lógico preocupou-se fundamentalmente em eliminar da linguagem natural conceitos e definições ideais ou metafísicas para então obter a sua definição precisa. A proposta de substituição dos conceitos vagos e imprecisos pela construção de um sistema de conceitos mais exatos e definidos, o chamado processo de *elucidação*, consiste apenas numa nova roupagem para os mesmos signos, a partir da qual seja possível decidir, com relativo grau de consistência, se um objeto pode ou não ser submetido a um dado conceito. Na ótica de L. A. Warat, essa análise funcional permitiria elucidar que um processo de significação não depende unicamente das relações internas dos signos, como desejaria o positivismo lógico, mas também de um sistema de evocações provenientes dos contextos de uso, mormente determinados pelos objetivos do emissor. Dentre a ampla gama de propósitos do *emissor*, a instância performativa é um dos usos básicos da linguagem Nesse caso, a linguagem é empregada para *fazer algo* e *não* para *dizer algo* sobre algo. Essa instância é geralmente emitida por um órgão dotado de autoridade (governo de Estado, por exemplo), que amparado por um corpo normativo (um ordenamento jurídico) que o legitime, torna-se capaz de constituir situações fáticas a partir de seus próprios propósitos e concepções de mundo. Assim, aplicando-se a teoria da filosofia da linguagem em contraposição ao positivismo lógico, conclui-se que entre conceitos não existe univocidade significativa ou produto de processo elucidativo. A inalterabilidade e a rigidez dos textos normativos, por exemplo, são conseqüências de mera ilusão, respaldada pela sua generalização (Warat, 1984, p. 39-72).

A Escola Praxiológica: mediação entre dois mundos

De fato, o que se acha em questão, ocultado na produção e na transmissão dos conhecimentos pela linguagem, é o eterno antagonismo entre o objetivismo do positivismo lógico e o subjetivismo das escolas fenomenológicas, como a filosofia da linguagem,[56] e o interacionismo simbólico, isto é, enquanto o primeiro grupo constrói as relações humanas a partir das práticas individuais, o segundo parte da própria prática para cadenciar as suas premissas de estudo.

Importa, em última análise, perceber se a *realidade* é deduzida de um sistema objetivo de representações (*reificação* dos processos sociais), o qual se enquadra fora do alcance do ator social (o indivíduo é apreendido como resíduo do elemento coletivo),[57] ou se ela é oriunda de um sistema de ações individuais, a partir da perspectiva dos fenômenos sociais.[58] Compor esses métodos de análise tão distintos,

---

56. A filosofia da linguagem ainda se aproxima "[...] de uma concepção atomista e conceitual das significações, apoiada nas bases epistemológicas do positivismo e, portanto, com uma forte dependência dos processos de constituição lógica de um objeto de conhecimento" (Warat, 1984, p. 81).

57. A teoria do positivismo lógico apropriou-se das noções durkheimianas quanto à existência de uma essência transcendental exterior aos indivíduos, essa essência fundamenta o caráter coercitivo da dimensão da norma. Para as teorias de origem objetivista, dispensa-se uma teoria da ação em detrimento da execução de normas e estruturas. Para Bourdieu, o estruturalismo, decorrente do objetivismo, considera apenas os sistemas de representação como *estruturas estruturadas*, afastando a função *estruturante* do discurso ideológico. Os agentes sociais reduzem-se à função de reprodução desse discurso. A ação é um subproduto da língua, da cultura e da estrutura (Ortiz, 1983, p. 1-30).

58. O mundo objetivo aparece, dessa forma, como uma rede de intersubjetividade, como resultado de ações dirigidas para o *outro*, e que adquirem significado na medida em que o *outro* compartilha comigo o mesmo mundo (ibidem, p. 1-30).

encontrando uma alternativa para mediar essa relação, é o desafio da *sociologia praxiológica*.

Pierre Bourdieu ultrapassa os ensinamentos de Alfred Schutz[59] e considera que "a comunicação se dá enquanto interação socialmente estruturada". Ele aproveita a relação comunicacional fenomenológica do eu-tu e a identifica como *relação de poder* inserida numa estrutura definida e desigual. A assertiva "escutar é crer" pode ser interpretada como simples recepção da informação pelo ouvinte, mas também como *introjeção da relação de poder* representada pelo pólo passivo da dominação. Ao mesmo tempo, afirmar que a interação se dá de forma *socialmente estruturada* implica negar a apreensão do mundo como inteiramente subjetivo.

A noção de *habitus* reinterpretada por Bourdieu vem a adequar as ações do sujeito à realidade objetiva da sociedade como um todo. Além de conformar e orientar a ação do sujeito, o *habitus* também é produto dessas mesmas relações sociais e, como tal, tende a reproduzi-las. A interiorização, pelos atores sociais, de valores, normas e princípios sociais assegura a efetivação da estrutura objetivada no interior da sociedade. O *habitus* também pressupõe um conjunto de *esquemas generativos* que presidem as escolhas individuais e condicionam a ação, daí a sua característica *estruturante*.

A confecção do *habitus* depende de um trabalho "pedagógico" que não consista simplesmente em inculcar uma moral ou uma ideologia, mas que tenha a função essencial de administrar o processo de inculcação das próprias categorias que presidem a interpretação do real. Tais categorias são históricas e sociais, o que implica dizer que elas

59. Discípulo do subjetivismo weberiano, membro da escola fenomenológica, ressaltou que na relação comunicacional, o *eu* (emissor) sempre escolhe suas palavras considerando o *tu* (receptor) (ibidem).

reproduzem o arbitrário social ou as relações hierarquizadas que estruturam o mundo social. A "dominação não é apenas discursiva", como disse Warat (1984, p. 80), mas também é categoria lógica que ordena a própria representação social.

No estudo de Bourdieu (Ortiz, 1983, p. 1-30) sobre o discurso ideológico de uma fração da classe dominante francesa (os tecnocratas), é possível perceber que, por meio de um *argumento lógico*, pode-se obter uma eficácia política em torno de uma escolha. Essa eficácia política forma uma hegemonia lógico-ideológica que une a sociedade num todo orgânico.

Habitus, processo de socialização: mediação do social-individual

precondição por um arbitrário social ideológico sob a forma de uma estrutura hierarquizada	→	objetividade argumentativa via lógica operacional	→	internalização da objetividade na forma mítica	→	retórica do individual da escolha subjetiva	→	eficácia política hegemônica determinada

Com base no diagrama, observa-se que um ator social está submetido a um processo de internalização de um *habitus* objetivamente estruturado por um arbitrário social dominante. Essa estrutura informa e conduz a uma determinada eficácia hegemônica que conserva a relação de dominação num espaço chamado de *campo*.

As posições dos atores sociais são resultado de uma concepção concorrencial da realidade a partir de uma disputa de interesses específicos, o que significa que toda eficácia de ação social corresponde a uma prefiguração autolimitativa de sua eficiência.

Em decorrência, tem-se a divisão do *campo* social entre dominantes e dominados, pairando sobre essa ambivalência uma espécie de *consenso operacional*:

> Dominantes e dominados são necessariamente coniventes, adversários cúmplices que, através do antagonismo, delimitam o campo legítimo da discussão [...]. A conivência entre os agentes determina o consenso a respeito da situação, ou seja, o que merece ser ou não levado em consideração. O consenso se fundamenta no desconhecimento, pelos agentes, de que o mundo social é um espaço de conflito, de concorrência entre grupos com interesses distintos. Esse desconhecimento corresponde a uma *crença*[60] *coletiva* que solda no interior do *campo*, agentes que ocupam posições assimétricas de poder [...] (Ortiz, 1983, p. 1-30).

Nesse momento, cumpre retomar os termos da teoria da *dominação discursiva*, como uso básico da linguagem, para descrever o processo retórico-discursivo[61] utilizado pelo positivismo lógico.

---

60. Para Alf Ross "[...] a apresentação de termos ou enunciados com o único objetivo de *fazer crer* em determinadas situações inexistentes, mais do que uma falsidade deve-se falar agora de uma ficção [...]" Segundo esse autor, é comum recorrer-se aos atos fabuladores com o objetivo de *fazer crer* na *realidade substancial* de certas instituições e na *racionalidade intrínseca* de normas. A *fabulação* encontra-se respaldada por uma série de recursos lingüísticos, verdadeiros *truques* argumentativos: são as fálacias e os estereótipos, cujos efeitos variam entre a defesa abstrata e a violação fática de valores determinados. Assim, a normatização age como instrumento de garantia à *coisificação dos sujeitos sociais* e como meio de consolidar o poder do Estado, sob a ficção de que seus atos sejam realizados em nome da vontade geral (Ross, apud Warat, 1984, p. 68-9).

61. A filosofia e o silogismo apropriaram-se da retórica, utilizando suas técnicas e assimilando-as a seu hábito conceitual; isso gerou o seu desvirtuamento (Plebe & Emanuele, 1992, p. 53).

Sob a aparência de definições empíricas, as definições persuasivas[62] encobrem um juízo de valor que, por meio de cargas emotivas,[63] produz uma definição que lhes assegura o monopólio do campo denotativo. Sem capacidade de discussão, o receptor tende a aceitar o *termo* apresentado pelo *emissor*, bem como sua verdade ideológica. Esse processo de persuasão também é denominado *processo de fetichização* (Warat, 1984, p. 70).

Enfim, o estudo das cargas valorativas leva necessariamente à questão dos desacordos significativos entre fatos e valores. Mas, enquanto o desacordo sobre fatos pode ser superado por uma aparente verificação, o desacordo entre *significante* e *valor* necessita de um "senso crítico" aguçado para o seu desvelamento.

---

62. A retórica antiga reagiu fortemente contra a obsessão platônica de definir tudo o que se encontra ao seu redor, uso de um *definiendum*. E considerou que, em vez de ser uma revelação da realidade, essa busca por definições é antes de tudo a sua própria manipulação. Contudo, ela tem a vantagem de constituir uma importante técnica inventiva. Definições persuasivas não visam, pois, a conhecer a realidade, mas a direcionar o que já se conhece para conclusões gerais com um fim persuasivo (Warat, 1984, p. 49).

63. Uma *falácia* é um erro de raciocínio que contamina a argumentação, tornando-a sem fundamento apropriado. Do gênero falácia, importa a espécie *informal*, que se subdivide em *falácia de ambigüidade* e *falácia de relevância*. Enquanto na primeira ocorrem mal-entendidos e erros decorrentes do uso de termos vagos, na segunda o proponente apresenta evidências que não são apropriadas para avaliar as conclusões propostas, isto é: a conclusão não deriva necessariamente das premissas. Nessa categoria, incluem-se os chamados *apelos*, em que o autor nem precisa indicar uma conclusão de sua lógica, a partir da argumentação das evidências, restando a totalidade da dedução para o *receptor*. Tal processo busca uma identificação do *receptor* com o *emissor*, por meio de uma influência sutil ou persuasiva: trata-se do chamado *apelo emocional* (Carraher, 1983, p. 34).

RETÓRICA GORGIANA: UMA ALTERNATIVA AO *HABITUS*

A *retórica discursiva* de Górgias (427 a.C.)[64] sofreu uma violenta oposição[65] dos grupos filosóficos de sua época. Naquele tempo, a retórica era vista como a arte de inventar conceitos e discursos: o *rhéseis*. Dita assim, teve seus primeiros desafios quando se contrapôs aos critérios filosóficos dicotômicos de verdadeiro-falso[66] e de bom-mau da escola platônica, em prol da eficácia agonística, ou competitiva, sem critérios absolutos,[67] apenas inventivos.

No que concerne ao conteúdo, cortar relações com a retórica privou a escola filosófica de Platão do contato com a arte heurística, da

64. É a partir da obra *Elogio de Helena* que Górgias demonstra ser possível dar à *voz dos sentidos*, em superior ou em igual peso à razão (Plebe & Emanuele, 1992, p. 13-4).

65. Essa oposição data de 427 e 387 a.C., época em que já havia uma querela entre Platão (em prol da filosofia), Sócrates (em prol da dialética) e Górgias (em prol da retórica) (Plebe & Emanuele, 1992, p. 11).

66. Para Platão, em a *Sétima Epístola*, o que distingue uma filosofia autêntica da retórica (*rhetón*) é o fato de que a primeira deve trazer em si os sinais de trabalho mental de que se originou, e esses sinais não são expressos em discursos. Em *Sofista*, o critério supremo de toda atividade mental é a contraposição entre o verdadeiro e o falso. É no *Górgias* que a retórica é definitivamente acusada de ser *stochastiké* (a que visa ao resultado), e, como tal, não é considerada uma verdadeira *techné*, pois visa ao resultado, não à substância (ibidem, p. 13-4). Aristóteles apresenta a concepção *retórica* como *techné*, mas com base na sua *autocompletude* dogmática não admitia a separação entre *forma* e *matéria*, que só foi concebida por Cícero (Warat, 1984, p. 91; Capra, 1996, p. 34).

67. De fato, a retórica não é desprovida de critérios de avaliação; seu critério é apenas não-rígido. O critério agonístico-hierárquico admite a possibilidade de uma contínua gradação do melhor para o pior. É a chamada *técnica de verossimilhança* (*eikós*) (Plebe & Emanuele, 1992, p. 22).

busca de novos temas a tratar e, conseqüentemente, da variada gama de soluções a adotar. Segundo classificação de Aristóteles[68], na obra *Retórica*, Platão utilizava-se da chamada *elocução quebrada* ou *braquiologia* para expor o seu argumento lógico. Com o personagem Sócrates, na obra *Teeteto*, Platão afasta da sua lógica de pensamento qualquer espécie de opinião verossímil e, ao considerá-la categoria necessariamente falsa, pois verdade parcial, justifica a própria ausência de caráter científico contido no silogismo.

Por sua vez, segundo Isócrates (391 a.C.), discípulo de Górgias, a originalidade de qualquer discurso só ocorre se for associada à pertinência das circunstâncias. Por isso, para ele, o verossímil (*eikós*) é síntese da invenção (*héuresis*) e da oportunidade (*kairós*), traduzido em possibilidade de vir a ser ou *probabilidade*.

Dessa forma, também entende Aristóteles, na *Retórica*, quando concilia o verdadeiro e o verossímil, ou respectivamente, o "universal absoluto" e o "universal *com relação a* alguma coisa", ou ao *universal perspectivo*, universo relacionado às circunstâncias concretas.

---

68. A lógica aristotélica atenua a força explosiva da retórica, cingindo-se a uma demonstração de segunda ordem (*thymós*), cujo crivo é posterior ao da lógica (*lógos*), que se mantém de primeira ordem. Assim, a conjectura retórica estava restrita à demonstração, cujas premissas, em vez de certas, são inseguras (Plebe & Emanuele, 1992, p. 54). O pensamento argumentativo aristotélico fundamentava-se nos *entimemas*, os quais decorriam de silogismos baseados na verossimilhança, ou seja, no pensamento popular. Assim, o *entimema* "[...] parte de uma enunciação que não necessita de prova [...] apoiado em efeitos míticos, estereótipos e fórmulas tópicas, o *entimema* estende o que se crê como desconhecido ou opinável ao desconhecido ou ignorado, através de uma espécie de contágio" (Warat,1984, p. 88).

Além do desvirtuamento teórico[69] sofrido pela *retórica gorgiana*,[70] a ordem produzida pelo silogismo cartesiano também apropriou-se do uso do *entimema aristotélico* com o intuito de reforçar um distanciamento estereotipado do real, afastando-os das várias possibilidades de verdades e aproximando-o de uma dominação mais eficaz .

Nos processos de argumentação das ciências sociais, por exemplo, nota-se a necessidade de apoiar as premissas *entimemáticas* nas formas axiológicas dominantes. Mesmo assim, seus argumentos só são recebidos pelo universo acadêmico se não contrariarem a ideologia do paradigma científico[71] em vigor. Esse processo funciona, ao mesmo

69. A falsa inclusão da *retórica* (originária da *poïein*) como *techné* da ciência do agir (*prattein*), sob o ponto de vista exlusivamente *formal*, retira-lhe propositadamente qualquer investigação sobre suas outras funções (Ruby, 1998, p. 29). O descrédito à retórica teve origem nos séculos XVI e XVII, quando o movimento mecanista-cartesiano passou a ver o mundo como uma máquina perfeita, governada pelas leis matemáticas exatas. Esse movimento exaltou os valores maiores da evidência e do empirismo (Capra, 1996, p. 34). Segundo Gaston Bachelard, não há determinismo sem uma escolha, sem pôr à parte fenômenos que perturbem ou que sejam insignificantes. De resto, com freqüência, um fenômeno é insignificante porque não há o cuidado de interrogá-lo. No fundo, o espírito científico não consiste tanto em observar o determinismo dos fenômenos, mas em determiná-los, tomando as precauções para que o fenômeno, definido previamente, se produza sem excessivas deformações. Para esse autor, o determinismo científico é feito de verdadeiras restrições experimentais. Ele se prova com base em fenômenos hierarquizados, elevando variáveis particulares (Bacharelard, 1986, p. 76-8).

70. Assim como a retórica, a *semiologia* encontra-se casuisticamente desprezada, permanecendo vinculada à dimensão estilística das frases. Pela teoria de Saussure, a linguagem é considerada como um sistema de *signos*, e, assim, a sua unidade mínima de análise é o *signo*. Nesse sentido, a língua é uma teoria sobre *signos* (*semiótica* ou *semiologia*) que são caracterizados como entidades bifásicas, formadas pela associação de um conceito a uma imagem (Warat, 1984, p. 25).

71. Paradigma científico é definido como uma constelação de realizações-concepções, valores e técnicas – partilhada pelos membros de uma comunidade determinada (Kuhn, 1975).

tempo, como técnica de normalização, como instância reprodutora de valores e como tutora do politicamente desejado.

Assim como as técnicas desenvolvidas pela teoria da dominação discursiva, alguns recursos são utilizados para fazer valer a argumentação retórica. De origem gorgiana, a técnica do paradoxo não pressupõe nenhum conceito teorizado ou precedente, preferindo tomar como ponto de partida a pesquisa criativa. E é justamente essa paixão pelo não-habitual e pelo não-percebido que permeia todo o pensamento criativo, que o torna uma técnica ímpar e com efeitos múltiplos. Ela propõe a contra-opinião do senso comum (*dóxa*), levando à decorrência de um argumento novo, uma reação *contra* o *hábito*.

O USO DA CIÊNCIA POLÍTICA COMO SUPORTE TEÓRICO DA RELAÇÃO DE PODER

A dimensão do objeto científico da teoria política foi associada à qualidade de *res publica* e seu ordenamento político. Com base na escala de seus fins e interesses, a instituição política enquadra funções como defesa nacional, ordem interna, administração judiciária, regulação econômica, entre muitas outras.

A definição desse "objeto" depende mais da contínua preocupação político-institucional e menos da unanimidade de suas respostas, o que quer dizer que ao pesquisador cabe estabelecer a relação com o "seu objeto" no limite da "sua vontade" investigativa. Essa delimitação política acaba elegendo algumas indagações que certamente conduzirão a algumas, e não outras, respostas.

Os limites e a essência do objeto de estudo da teoria política também se encontram determinados, em grande medida, pelas práticas institucionalizadas e pelos procedimentos empregados habitualmente para resolver assuntos públicos.

Assim, o sistema de instituições políticas de uma sociedade representa um ordenamento de poder e autoridade que, em algum ponto, encontra-se reconhecido pelo sistema. A *naturalização* desse exercício de autoridade atrai a atenção de grupos e indivíduos que passam a intuir sobre suas influências nas decisões, considerando seus interesses e objetivos. Dessa forma, as atividades passam a ser *políticas* na medida em que esses grupos de pressão cobram das instituições uma ou outra ação em sua causa (Wolin, 1960, p. 15).

Nesse contexto, a teoria política, seja sob o ponto de vista de um Estado individual ou de uma organização comunitária de Estados, utiliza uma linguagem especializada para compor um léxico artificial de conceitos e de categorias considerados fundamentais para a formação do seu objetivo: criar um "estado político". Como já exposto, essa linguagem é deliberadamente utilizada para expressar significados e definições que congreguem a manutenção da ordem e direcionem a ela. Nesse sentido, empregam-se em textos constitucionais e em discursos políticos palavras e expressões como *paz*, *estabilidade*, *harmonia* e *equilíbrio*.

Segundo Carnap (apud Wolin, 1960, p. 23), a teoria política diferencia-se das demais ciências por abarcar a *explicação* como forma diferenciada de discurso. A *explicação* abrange o emprego de significados menos precisos que os idealmente elaborados, tornando-os mais práticos. Segundo esse autor, palavras como *autoridade*, *obrigação* e *justiça* conservam certo contato com os significados e experiências comuns, que se remodelam para satisfazer as exigências de um discurso sistemático. No caso específico da teoria política comunitária, sua formação é facilitada pela sistematicidade existente entre os conceitos arbitrários e as experiências político-administrativas dos Estados em diversos pontos. Essa combinação retórica da teoria política comunitária proporciona uma maior credibilidade do ponto de vista teórico.

Para que uma teoria política se perpetue, são necessárias a referência e a atualização dos elementos *espaço* e *tempo*. A chamada *metafísica política* encarrega-se de substituir aqueles termos por sinônimos: em lugar de *espaço*, cidade, Estado, nação; em lugar de *tempo*, história, tradição, entre outros (Wolin, 1960, p. 25). Essas diversas concepções de *espaço* e *tempo* políticos remontam as particularidades de cada observador e sua visão de mundo. Em outras palavras, a teoria política constitui uma forma de *ver*[72] os fenômenos que depende, em grande medida, do *lugar* em que se encontra esse *observador*. Assim, os teóricos formam quadros da vida política. *Linguagem, espaço* e *tempo político* são ingredientes utilizados segundo os propósitos de cada autor.[73]

A impossibilidade de uma observação direta obriga o teórico político a tomar uma sociedade pela abstração de certos fenômenos e pela interconexão de outros. A incapacidade desse teórico compreender a complexidade e a totalidade das coisas do mundo o faz recorrer à ficção. Mais que um elemento catalisador de valores fundamentais, essa ficção vem estruturar arquitetonicamente as sociedades políticas modernas. Dessa forma, à ciência política cumpre o papel de mediar esse ideal de ordem desejado, coordenando pensamento científico e ação política.

---

72. Essa visão ou enfoque comporta dois sentidos diferentes: o ato de percepção, um informe descritivo acerca de um objeto. O outro sentido seria a visão estética ou religiosa, imaginativa e não descritiva (Wolin, 1960, p. 27).

73. Os conceitos e categorias de uma teoria política podem comparar-se a uma rede formada e distribuída segundo a pertinência do autor. Assim, Hobbes (*Leviatã*), em 1651, ao definir as condições necessárias para uma ordem política estável, escolheu manipular categorias como *paz* e *ordem*, omitindo a influência das classes sociais, dos problemas das relações exteriores, das questões de administração governamental, entre outros (ibidem, p. 31).

O USO DA TRADIÇÃO, A INTROJEÇÃO DO *HABITUS*

Nesse contexto, o fenômeno da tradição no pensamento político tem a função de, por meio de uma linguagem comum convencionada, melhor adaptar uma nova experiência política ao ordenamento vigente. Essa tarefa requer dos teóricos científicos uma enorme habilidade argumentativa.

Por isso, o passado nunca é totalmente substituído, ao contrário, é constantemente recuperado, uma vez que novas idéias são traficadas como práticas existentes.[74]

Assim, a distinção entre o público – milagres reais, desejos e confissões – e o privado – razão de fé –, presente no Estado monárquico inglês (Schmitt, 1992, p. 54-9), resiste à formação do Estado liberal, ultrapassando as próprias bases do Estado constitucional. A tradição atualizou essa dicotomia secular, atribuindo a ela uma nova roupagem.

Dessa forma, enquanto a salvaguarda dos direitos individuais era incorporada pela estrutura pública constitucional, o Estado era transformado em vácuo existencial, em *sujeito neutro,* aglutinador e sorvedor dos direitos individuais, gerenciador da segurança externa nacional. De fato, além de "modernizar" esses conceitos, a tradição os transformou e os hierarquizou.[75]

---

74. Contrariando o paradigma científico contemporâneo, a teoria política transformou o conceito de Estado em tradição discursiva. A apresentação conceitual do Estado permanece atrelada a uma concepção monárquico-centralizadora, herança do século XVII francês, restando convencer da " [...] exposição de fenômenos cada vez mais técnicos e atualizados [...] o essencial do que é desenvolvido pelos juristas concerne às modalidades de funcionamento do Estado: o sistema de representação, notadamente eleitoral, o equilíbrio dos poderes, a organização interna e as relações entre os órgãos constitucionais etc. Porém, estes caracteres apenas recuperam conceitos e categorias, atualizando o passado ao presente, pouco evoluindo em questões sobre o funcionamento do Estado" (Miaille, 1984).

75. A primazia do público sobre o privado e a teoria da soberania estatal sofreriam um sério abalo e uma reinversão total com *Tratado Político* (1670) de

O Estado moderno passou a ser identificado como uma *machina machinarum* ou *magnum-artificium*. A lógica do *processo de neutralização* do Estado iniciada no século XVII havia culminado na sua generalização técnica e burocrática, racional e ceticista, refundada no positivismo em meados do século XIX.

A perfeição técnica, representada pela neutralidade funcional e legal, havia se tornado independente do conteúdo subjetivo de tendência religiosa ou de justificativa privatista. O Estado passou a legitimar-se apenas pelos resultados das determinações positivadas, oriundas do aparato estatal (*state's decision-making apparatus*). Esse aparato, que poderia ou não estar em funcionamento, compromete-se a garantir a segurança nas relações sociais, em contrapartida à incondicional obediência às leis. O descumprimento dessa premissa conduz, por oposição, a um estado pré-político de insegurança.

Segundo Carl Schmitt, a instituição estatal reconfigurou-se incessantemente, até assumir a forma de organização burocrático-executiva e de aparato coercitivo. A estrutura legislativa, movida pela *machina legislatoria*, concedeu legitimidade ao Estado, respaldando-o com autoridade para impor suas ações. O *Leviatã* transformou-se em um instrumento técnico de controle, manobrado pela elite administrativa.

Espinosa. Para esse autor, o Estado manteria suas vocações externas para a paz e a ordem, inclusive gerindo o culto religioso que se tornaria válido legalmente. Ao mesmo tempo, a liberdade de expressão e percepção haveriam de ser respeitadas. Enquanto Hobbes (*Leviatã*), em 1651, focalizava paz e poder soberano como públicos, deles decorrendo a liberdade individual de pensamento, Espinosa invertia a relação e consagrava o direito individual como princípio fundamental, donde o resto decorreria como mera disposição (Schmitt,1992, p. 59-60).

A justificação do Estado moderno passou a residir em seu poder absoluto constitucionalmente garantido, proveniente da vontade de seus cidadãos, fictamente reconhecida, um sistema que exige a obediência e a eliminação de qualquer direito de resistência de seus populares e que, pela técnica da domesticação, tornou-se um ente autônomo capaz de coibir quaisquer atos ditos ilegais.

Pela ótica construtivista da teoria sociológica de Bourdieu,[76] a própria prática social (o *habitus*) oculta as relações de dominação. Conceitos hegemônicos sobre positivismo, domínio e funcionamento do Estado são representações de uma dimensão simbólica do poder, uma violência exercida principalmente pela linguagem que detém uma eficácia específica na construção da realidade social.

As definições e classificações que a ordem estatal atribui à realidade social assinalam o seu poder simbólico e sua autoridade para levar a cabo a distribuição justa, reta e harmônica do mundo social. Dessa forma, é possível afirmar que tudo o que existe socialmente é produto da representação ou da crença como tal (Inda, 1997, p. 127-30).

Nesse aspecto, a construção jurídico-política das comunidades européias corresponde à versão "macroestatal", e não supraestatal, dessa mesma eficácia política que reitera e renova conceitos e tradições. É sobre esse prisma que se passa a analisar o projeto comunitário europeu.

76. O poder simbólico é entendido como o poder invisível que se exerce na cumplicidade daqueles que desconhecem a sua prática numa sociedade, organizada em campos sociais. Cada campo pode ser representado pela figura geométrica de um círculo. O poder pode ser encontrado, ao mesmo tempo, em todos os lugares e em nenhum deles, não se encontra num *vértice*, nem num *centro* (Inda, 1997, p. 124).

CAPÍTULO 2

União Européia e o histórico institucional: sob o prisma da origem do déficit democrático

Introdução

Este capítulo apresenta o universo do processo europeu de integração e de cooperação comercial, inserindo a variável democrática no bojo de suas instituições, em particular na figura do Parlamento Europeu. Nesse histórico, é imprescindível a referência aos interesses econômicos envolvidos, pois são decisivos na sufragada posição de uns em detrimento de outros órgãos.

Para a compreensão do contexto comunitário, cabe estabelecer alguns conceitos de ordem (geo)política e jurídica. No âmbito dos blocos econômicos, faz-se essencial uma definição preliminar: o que se entende por globalização?

Para os autores que se dedicam ao tema, a globalização compreende desde o processo econômico da circulação de capitais, a ampliação dos mercados e a integração produtiva em escala mundial até os fenômenos da esfera social, como a criação e a expansão de instituições supranacionais, incluindo a universalização de padrões culturais e o equacionamento de questões concernentes à totalidade do planeta, como meio ambiente, desarmamento nuclear e direitos humanos (Vieira, 1997, p. 72-80).

Segundo Chesnais (1996, p. 13-44), mais que uma nova etapa do processo de internacionalização iniciada nos anos 1950, a mundialização do capital refere-se a uma sofisticação nos mecanismos do sistema capitalista mundial. Aproveitando os estudos de Kondratieff,[1] o autor define alguns momentos da história do capitalismo e demonstra como numerosos fatores, independentes entre si, são capazes de se auto-organizar em sistema (ou *rede*) de relações internas e internacionais.

Embora conserve algumas características da época imperialista, como a extrema centralização, a concentração de capital e a interpenetração das finanças e da indústria, o processo de globalização acumula resultados bem diferentes: o capitalismo passou a abranger todo o planeta, restando aos países do G7 o fardo na condução do progresso e do desenvolvimento. A partir daí, acredita-se numa "única alternativa viável", e descrê-se "de quaisquer utopias", enquanto a realidade mundial continua a ser o darwinismo social.[2]

Uma análise desse universo sistêmico reflete: o conceito de capital (unidade diferenciada e hierarquizada, dominada pelo capital finan-

---

1. Esses estudos levaram à criação das chamadas "ondas" de Kondratieff e serviram para compatibilizar fatores: técnicas de produção, como a produção em massa, matéria-prima utilizável, como o aço, e tipo de produção, como armamentos, nos respectivos períodos: 1880-1940, período do imperialismo, de 1940-1980, *trinta anos gloriosos* ou fordismo e de 1980 aos nossos dias atuais, a mundialização do capital. (Freeman, in Dosi et al., 1988).

2. Para Chesnais, a palavra mundial permite introduzir a idéia que, se a economia se mundializou, seria importante criar instituições políticas que fossem capazes de reger esses destinos. Entre essas instituições, estariam o G7 (Estados Unidos, Canadá, Japão, França, Alemanha, Reino Unido e Itália), atualmente G7 + Rússia, (Chesnais, 1996, p. 24).

ceiro) e de categorias relacionais, como rivalidade político-econômica, dominação e dependência entre Estados. Assim, a mundialização do capital não vem apagar a existência dos Estados nacionais; ao contrário, é um processo que visa a acentuá-la por meio de fatores de hierarquização. De outra forma, aviva-se, nas palavras de Aldo Ferrer (1998, p. 11-53), o poder de cada Estado em organizar-se segundo seus interesses e vontades, o que vem a torná-lo *senhor* do seu destino:

> [...] o debate atual sobre a natureza e os alcances da globalização não é um tema novo. Refere-se ao mesmo problema histórico*: como cada país resolve o dilema de seu desenvolvimento no mundo global, como não se deixar envolver pelo articulado sistema de relações, interesses e potências dominantes.* [...] A exploração dessa questão é de importância crucial, porque essas idéias incidem diretamente no desenho *estratégico de inserção* dos países na ordem mundial e em seu desenvolvimento. (grifos nossos)[3]

No âmbito interno, sob a direção da burguesia imperialista, a globalização modificou uma série de políticas, priorizando o seleto contigente econômico em detrimento do setor social.

A globalização acabou levantando uma série de questionamentos sobre a efetividade das demandas humanitárias. E sobre a alegação de que muitas delas decorreriam da consubstanciação de uma necessida-

---

3. "*El debate actual sobre le naturaleza y alcances de la globalización no es nada nuevo. Se refiere al mismo problema histórico:* cómo resuelve cada país el dilema de su desarrollo en un mundo global para no quedar atrapado en el sistema de relaciones articulado, en su beneficio, e por los intereses y potencias dominantes. [...] *La explotación de esta cuestión es de importancia crucial porque las ideas gravitan decisivamente en el diseño de las* estrategias de inserción *de los países en el orden mundial y en su desarrollo*".

de ainda mais universal: a democrática. É nesse contexto, que se insere uma avaliação do seu papel valorativo: bandeira do liberalismo político, a democracia encontra-se num paradoxo teórico-prático, formal-material, expondo as desigualdades entre os povos[4] e as oportunidades diferenciadas entre os países.

A democracia tem colaborado com as práticas hegemônicas nacionais e transnacionais, cada vez que reserva à participação popular a "liberdade" individual de escolha e representação, sem a correspondente "igualdade"[5], fator determinante nas tomadas de decisões. A análise do processo de integração e cooperação comercial europeu confirma essa vertente.

---

4. Segundo Octavio Ianni, na medida em que a sociedade global debilita o estado nacional reflorescem identidades passadas e presentes, nem sempre com vieses democráticos. São os nacionalismos (movimento neofascista na Alemanha e na Áustria), os regionalismos e etnicismos (separação da Croácia e Eslovênia da antiga Iugoslávia), os fundamentalismos e identidades enraizadas (conflitos entre as religiões protestante e católica na Irlanda do Norte) sendo resgatados. Para esse autor, globalização não significa homogeneização, mas diferenciação em vários níveis. E essa diferenciação vem se efetivando tanto de forma positiva quanto negativa, permitindo à União Européia, por exemplo, mobilizar-se tanto em relação à auto-suficiência regional, com o sistema econômico de trocas comerciais, quanto em relação à política estrangeira de imigração e controle de fronteiras, com a adoção da Convenção de Schengen em 1985, respectivamente.

5. Ver, nesse sentido, as impropriedades do sistema parlamentar na União Européia, cuja eleição e distribuição dos escaninhos se dá não exclusivamente pelo critério do sufrágio universal, considerando a população de cada Estado, mas pela ponderação de cotas qualificada por cada Estado (Sospedra, 2000, p. 62). Esses conceitos de "liberdade" e "igualdade" estão de acordo com lógica discursiva da ideologia da Constituição (ver o item "A configuração do mito da separação dos poderes" no Capítulo 1) e com a necessidade de legitimação do Estado burocrático contemporâneo (item "O uso da tradição, a introjeção do *habitus*", Capítulo 1).

Efeitos jurídicos de um mercado comum

Preliminarmente, cabe identificar a figura jurídico-política do mercado comum[6] como processo de integração e cooperação comercial, bem como a distinção de seus efeitos jurídicos no âmbito do direito internacional público e na esfera do chamado direito comunitário.[7]

O direito internacional público, conforme os teóricos internacionalistas, baseia-se exclusivamente no consentimento dos Estados. É, portanto, um direito que resulta do esforço intergovernamental, que tem como principais fontes os tratados e os costumes internacionais. A obrigatoriedade dos tratados pelos Estados signatários pode decorrer de um processo de recepção (aprovação) dos respectivos parlamentos nacionais[8] ou da mera assinatura do chefe do Executivo. Já a

---

6. O conceito de mercado comum foi utilizado com base na Teoria da Integração Econômica de B. Balassa (1994) e compreende um estágio evolutivo intermediário entre o de união aduaneira (livre circulação do comércio, superada a zona de livre comércio, além da implementação de uma tarifa externa comum) e o de zona política e econômica (além de um mercado comum, a adoção de um sistema monetário comum, uma política externa e de defesa comuns). Um mercado comum compreende a instauração de quatro "liberdades": livre circulação de bens e mercadorias, capitais, serviços e pessoas. P.ex., a CEE depois de 1992 (Mercado Comum Europeu).

7. A autonomia do direito comunitário ante o direito internacional público foi consagrada pela Corte de Justiça das comunidades européias, no Processo n. 6/64 acórdão Costa/Enel, vindo a declarar a primazia do direito comunitário sobre o direito nacional. Essa decisão foi duramente contestada pelos tribunais constitucionais da República Federal da Alemanha e da República italiana, e vem sendo sustentada com reservas, segundo outra decisão do próprio Tribunal: Processo C-212/97 (*O ABC do Direito Comunitário*, 2000).

8. Assim determina o art. 42 do Protocolo de Ouro Preto/94, tratado que instituiu a personalidade jurídica do Mercado Comum do Sul, Mercosul: "as normas emanadas dos órgãos do Mercosul terão caráter obrigatório e deverão, quando necessário, ser incorporadas aos ordenamentos jurídicos nacionais mediante os procedimentos previstos pela legislação de cada país".

utilização dos costumes, como fonte vinculante do direito internacional, depende exclusivamente da prática reiterada dos Estados.

Para um grupo de juristas europeus,[9] o direito internacional público geral tem se mostrado insuficiente para abarcar produções e soluções legislativas daquele processo de integração. Assim, far-se-ia necessária a criação de um direito próprio, nascido e desenvolvido na zona do mercado comum: o direito comunitário.

Segundo a doutrina comunitarista, é pelo processo de integração comunitário que, a partir da delegação de competências específicas, os Estados acabam transformando seus mercados nacionais em mercado compartilhado. Por isso, esse direito é classificado como um direito diferenciado, cujas fontes decorrem da supranacionalidade[10] institucional. Esse direito não corresponde nem ao direito in-

---

9. Entre esses autores, estão os portugueses João Mota Campos, Rui Manuel de Moura Ramos e Antônio F. Dias Teixeira, os espanhóis Mangas Martín e Carlos Molina Del Pozo e os franceses Jean Boulouis, Isaac Guy e Philippe Manin.

10. Para Maristela Basso, a característica da supranacionalidade deriva da qualidade do processo decisório nos órgãos comunitários, havendo desnecessidade de um consenso, sendo suficiente a maioria qualificada de seus membros. Para essa autora, essa é a diferença marcante entre o direito comunitário e o direito internacional clássico, que encontra o seu fundamento no consenso, à exceção das normas de *ius cogens*. (Basso, 1997, p. 21). Para Martha Jimenez (1997, p. 34), o conceito de supranacionalidade implica necessariamente o abandono do conceito de soberania nacional indivisível e reside na aceitação de seu exercício conjunto, mediante transferência de certas competências a uma organização, bem como a superação de uma concepção dualista, no que diz respeito à recepção das normas internacionais. Nas palavras de Pescatore (1973): "*El derecho de la integración descansa en una premisa extraña al derecho internacional llamado 'clásico': la de la divisibilidad de la soberanía. En efecto, cuando se admite como premisa, junto con el derecho internacional tradicional, que en un territorio determinado no se puede ejercer sino una soberanía, es decir un solo poder supremo, las únicas constelaciones posibles entre Estados son aquellas que responden a un esquema de coordinación y de cooperación*". Fausto Quadros (1983)

terno dos Estados-membros, nem ao direito internacional público clássico. Sua *autonomia* decorre de algumas particularidades: *a primazia e a aplicabilidade direta de sua normatividade* em relação aos ordenamentos nacionais. A norma comunitária ingressa nos ordenamentos jurídicos internos de cada Estado-parte sem a necessidade de aprovação pelos respectivos parlamentos nacionais. Essas normas podem ser de três espécies: a) normas contidas nos tratados de constituição, decorrentes da vontade estatal, por exemplo o Tratado de Paris (1951); b) normas que compõem o ordenamento jurídico dos órgãos comunitários, formadas pelo seu direito administrativo; c) normas elaboradas pelos órgãos comunitários no limite das competências delegadas pelos tratados fundadores e que se destinam aos Estados-membros.

Além do *efeito direto*[11] e do *efeito impositivo* das normas comunitárias, cabe referência ao *efeito uniforme de interpretação e aplicação jusrisprudencial,* assegurado pela atividade do Tribunal de Justiça Comunitário.[12]

---

adota teoria distinta e clássica em relação à soberania estatal. Indivisível e reversível, passível de denúncia unilateral em caso de desnaturação dos objetivos da organização, ele defende a hipótese da transferência funcional. Os Estados-membros, com o objetivo de salvaguardar a eficácia das normas estatais, tendem a aplicar os princípios de direito internacional, a despeito da norma ditada pelo novo ente supranacional (Montoya, 1996, p. 112).

11. Diz respeito à possibilidade de um cidadão invocar perante os tribunais nacionais disposições comunitárias. Essa invocabilidade da norma pode se dar em relação a disposições nacionais incompatíveis ou para fazer valer o direito comunitário concedido (Jimenez, 1997, p. 45).

12. A consagração do direito comunitário passa pela criação de mecanismos que assegurem o cumprimento das obrigações contraídas pelos Estados no âmbito dos tratados constitutivos; trata-se de um processo em permanente construção e, como tal, essencialmente dialético. Assim, é fundamental que sejam garantidas a legitimidade e a independência institucional, bem como a autoridade vinculante das decisões da Corte de Justiça. As características distintivas da ordem jurídica

A partir das definições distintas de direito internacional clássico e de direito comunitário, são relançadas as bases da concorrência entre esses dois direitos, resguardando-se a premissa de que ao sujeito do Estado cumpre a utilização de quaisquer mecanismos para alcançar benefícios próprios.

Processo de integração e cooperação comunitária: origem nos interesses intergovernamentais

É com base na evolução histórica das comunidades européias que se configurara o sistema de *potências* comunitário. A partir da *lógica montesquiana*, revive-se, na estrutura institucional daquele processo, a relação entre grupos de pressão nacionais e transnacionais (europeus) e o arcabouço institucional, nem sempre claramente democrático.

Antes de partir para a análise desse enfoque específico, convém, no entanto, identificar as características do período histórico que deu início a esse projeto.

---

comunitária foram consagradas pela jurisprudência da Corte, que enfrentou *a priori* a aplicação dos tratados constitutivos, pelos Estados-partes, como se direito internacional público fossem. É o exemplo do Ditame Consultivo 1/91, que consagrou a posição da Corte sobre os objetivos e especificidades do processo de integração europeu e sobre as particularidades de seu sistema jurídico. Os Estados passaram a compartilhar seus direitos soberanos a partir das decisões de Van Gend & Loos, 26/62 – independência, autonomia e primazia do direito comunitário em relação ao direito internacional, inclusive em relação à matéria constitucional –, Costa/Enel 6/64 – aplicabilidade direta, desnecessidade de incorporação pelo direito interno de cada Estado-parte, convertendo-se em direito vigente – e Molkerei, 28/67 –, efeito direto aos indivíduos de cada Estado-parte – nesse sentido, Van Gend & Loos, 26/62 e Salgoil, 13/68 (Jimenez, 1997, p. 35-48). Tão fundamental quanto a atuação da Corte está para o processo de integração a participação do Conselho Europeu, instituição essencial para a condução e implementação de diretrizes políticas no processo (Oliveira, 1999, p. 164 e ss.).

No período (1908-1912) que precedeu a Primeira Guerra Mundial, o cenário era de conflitos econômicos e coloniais. Potências fortalecidas pela Revolução Industrial e governos dinásticos com conotações nacionalistas disputavam territórios. Mosaico de etnias e de rivalidades culturais, a pequena Sérvia, apoiada pelo Império Russo (depois pela *Entente Cordiale*), desafiou o Império Austro-Húngaro, apoiado pela Alemanha (depois pela Tríplice Aliança) para um conflito localizado, que ao final tornou-se "mundial". Ao longo de quatro anos (agosto de 1914 a novembro de 1918), os resultados da Primeira Guerra haviam ficado distantes da eufórica primeira impressão dos tempos da *belle époque*. No total, a Primeira Guerra Mundial havia mobilizado cerca de 65 milhões de homens e feito cerca de 10 milhões de vítimas (Lopes, 1987, p. 9-21).

Ao final, a Europa encontrava-se dividida em três partes: a Europa dos vencedores, que elaboraram o Tratado de Versalhes, um novo *pacto europeu*; a Europa dos vencidos, dos frustrados e revanchistas Mussolini e Hitler; a Europa das minorias sem Estado-nação, dos Sudetos, das minorias alemãs na ex-Checoslováquia, dos húngaros na Transilvânia romena.

A solução para a reconstrução européia veio da Sociedade ou Liga das Nações (SDN), e a proposta de Aristide Briand teve como pressuposto a reconciliação franco-alemã. Já em 1929, por ocasião da décima Assembléia da SDN, ele divulga um memorando favorável à idéia de mercado comum no conjunto dos territórios europeus, mas enfatiza:

> É evidente que a associação *atuará sobretudo no domínio econômico*: é a questão mais urgente. [...] Mas estou igualmente certo de que, do ponto de vista político e do ponto de vista social, o *vínculo federal, sem afetar a soberania de cada uma das nações* que poderiam fazer parte de tal associação poderia ser vantajoso [...] (Briand, A., Ministro dos Negócios Estrangeiros francês, 5/9/1929. J.O. da SDN – grifos nossos).

Esse discurso mobilizará os grandes industriais franceses, alemães, sarenses, belgas e luxemburgueses para a elaboração do acordo do Cartel Internacional do Aço, que irá procurar estabelecer cotas de produção para evitar a guerra de preços sobre essa matéria-prima.

Contemporâneo da Grande Depressão dos anos trinta e do fenômeno da *não-Europa*, cresce o *movimento europeísta*[13] (1929-1939). Foi com o *Manifesto de Ventotene (1941)*, que o trentino Altiero Spinelli busca uma alternativa unificadora para manter o equilíbrio entre os Estados europeus.[14] Nesse contexto, insere-se o discurso chamado "Pela Europa" (*Pour l'Europe*) de Robert Schuman, Ministro dos Negócios Estrangeiros francês que defende o "apagar das fronteiras" econômicas européias.

Alguns anos mais tarde, o projeto de Jean Monnet e a construção da *família européia* encontram guarida na Alemanha do chanceler Konrad Adenauer, que necessitava romper com o isolacionismo e retornar ao quadro político-econômico europeu.

Enquanto a Alemanha procurava desfazer e atenuar o sentimento de suspeita que pairava sobre ela, países aliados, munidos do discurso democratizador e "desnazificador", buscavam desmantelar o aparelho produtivo daquele país, dissolvendo seus cartéis industriais.

---

13. O *movimento europeísta* foi antecedido pelo movimento literário de 1922, que incluiu, entre tantos autores, Richard C. Kalergi e seu *Manifesto Pan-europeu.* (Oliveira, 1999, p. 86).

14. Esse discurso dirigiu-se aos Estados europeus, vencedores da Primeira Guerra Mundial, que insistiam em manter a Alemanha como sua refém. Por essa proposta, a Alemanha voltaria ao *jogo europeu* em igualdade de condições com os demais países vencedores e seria neutralizada militarmente com a criação de um exército comum. Além de Spinelli, Alcide Gaspieri e o conde Carlo Sforza militam pela causa alemã, criticando o Tratado de Dunquerque (1947) entre Grã-Bretanha e França e o Tratado de Bruxelas (1948) entre aqueles dois países mais a Benelux (Nouschi, 1994, p. 64-5, 71).

Assim, para consolidar a *futura Europa*, deveriam ser conciliados os mais diferentes propósitos: para a França do general De Gaulle, a soberania dos Estados deveria ser reforçada; para as médias nações, como a Itália, a unificação lhes garantiria a independência, e, para os países da Benelux (Bélgica, Holanda e Luxemburgo), usufrutuários das matérias-primas alemãs, a cooperação econômica significaria potencializar o seu mercado. A conjugação desses objetivos é feita pela implementação de um projeto de natureza comercial e econômica e a partir de mecanismos como consolidação aduaneira e desoneração tarifária.

O impulso decisivo para a consecução institucional da unidade entre esses Estados se fez em junho de 1947, com o *Plano Marshall*, com a ajuda americana de milhões de dólares distribuídos pelo Comitê de Ajuda e Reabilitação das Nações Unidas [*United Nations Relief and Rehabilitation Administration (UNRRA)*] e pelo Programa de Reconstrução Europeu [*European Recovery Program*] (Nouschi, 1994, p. 75). Em contrapartida, os americanos esperavam que um acordo entre aqueles países fosse capaz de compor as exigências da situação e que viesse a proporcionar os melhores resultados possíveis.[15] Nesse contexto, surge a *Organização Européia de Cooperação Econômica (Oece)* cuja função era tornar um acordo de princípios uma série de atos políticos fundamentais.

---

15. Os Estados Unidos da América se empenharam sobremodo na causa européia de planificação econômica e de integração, quiçá de uma federação ao estilo *yankee*. Para o historiador americano Irwin Wall, a constituição de um mercado europeu certamente facilitaria a entrada de produtos americanos naquele continente, mas isso não seria mais que uma das razões para esse incentivo. Por trás desse intento econômico, pairava o ideal dos membros do Congresso Americano de constituir uma *European Corporation Administration* (Wall, *apud* Nouschi, 1996, p. 77).

A proposta de unificação européia acabou seguindo os moldes franceses: firmou-se um acordo em favor do abastecimento regular do coque alemão, da internacionalização do Vale do Ruhr e do controle das produções metalúrgicas daquele país. A França não veria realizado o sonho do desarmamento industrial alemão, mas teria conseguido, por intermédio de Jean Monnet[16] e Robert Schuman, um avanço importante, um contrato permanente entre os dois países: a Comunidade Européia do Carvão e do Aço.

Estrutura institucional da Comunidade Européia do Carvão e do Aço (Ceca)

O Tratado de Paris (18.4.1951), instituidor da Ceca,[17] foi fruto de minuciosas discussões e estudos realizados no âmbito de uma con-

16. Jean Monnet, em abril de 1950, havia elaborado um memorando dirigido ao presidente do Conselho Francês, Georges Bidault: "A configuração da reedificação da França será interrompida, se a questão da produção industrial alemã e da sua capacidade de concorrência não for resolvida rapidamente. [...] Com a solução proposta [referindo-se à Ceca] desaparece a questão do domínio da indústria alemã. [...] Do ponto de vista francês, uma tal situação colocaria a indústria nacional no mesmo ponto de partida que a indústria alemã, elimina o *dumping* à exportação que de outro modo seria prosseguido pela indústria alemã do aço, faz participar a indústria do aço francesa na exportação européia [...] [logo] O maior obstáculo à continuação do progresso industrial francês teria sido eliminado [...]". Por esse memorando tornam-se evidentes as razões que levaram o governo francês a aceitar aquele acordo de cooperação. Nos demais momentos do processo europeu, outros interesses governamentais, como autonomia energética e protecionismo agrícola, vêm a se suceder (Nouschi, 1994, p. 80).

17. Institucionalmente as comunidades européias são inauguradas com o Tratado de Paris (18/abr/1951) pela Ceca. Em 10/ago/1952 instalava-se em Luxemburgo a Alta Autoridade, presidida por Jean Monnet. Entidade supra-

ferência de especialistas presidida por Jean Monnet, que acabou por consagrar o *espírito* da Declaração Schuman, quando:

a) transferiu determinadas competências estatais[18] para uma Alta Autoridade Comunitária, dotando-a com poderes de ação sobre os Estados nacionais nos setores do carvão e do aço, conduzindo a uma produção legislativa autônoma e a uma conseqüente sobreposição de ordens jurídicas, submetendo os Estados-membros à legislação comunitária e ao controle jurisdicional. Também concedeu a essa autoridade o poder de revisão do tratado.

---

nacional, encarregava-se da gestão comum da produção do carvão e do aço dos países-membros do acordo (Benelux, Itália, França e Alemanha), bem como configurava-se no primeiro passo concreto rumo ao mercado comum e à superação definitiva do perigo de guerra entre as potências regionais (ver dois primeiros artigos e quatro dos cinco parágrafos do preâmbulo do respectivo Tratado) (Casella, 1994, p. 69-70).

18. Nenhum dos tratados que instituíram as comunidades européias atribuiu às instituições comunitárias um poder geral; limitaram-se a designar poderes específicos para a ação dos respectivos objetivos (princípio da *atribuição limitada de poderes*) Os chamados *poderes de ação subsidiários* dos órgãos comunitários (n. 1 do Tratado da Ceca), ou *poderes implícitos* da comunidade, ficam adstritos aos casos em que a ação dos Estados-membros não seja suficiente para alcançar os objetivos pretendidos. O art. 14 do (T)Ceca atribui aos regulamentos e às decisões gerais as características da ordem comunitária: primazia e aplicabilidade direta. Todavia, poder-se-ia questionar da legitimidade como leis européias, visto que não se prevê a co-responsabilidade parlamentar (*O ABC do Direito Comunitário*, 2000, p. 64-5). As competências atribuídas às instituições da Ceca orientam-se à criação de um livre mercado para as seguintes matérias-primas: carvão, minério de ferro, sucatas, ferro fundido e aço; além disso, era função da Ceca a aplicação de medidas correspondentes, que visem a levantar os regimes de quantidades de mercadorias importáveis, extinguir direitos alfandegários; incluindo normatização que garanta

b) reafirmou a Declaração Schuman, proclamando a instauração de uma comunidade *econômica*, com vistas à ampliação e ao aprofundamento (Campos, 1986, p. 95).

A Ceca era composta pela seguinte estrutura institucional:

- a Alta Autoridade, seu órgão fundamental, com sede em Luxemburgo/Luxemburgo;
- o Conselho de Ministros;
- a Assembléia Comum, órgão parlamentar, com sede em Estrasburgo/França;
- o Tribunal da Comunidade, com sede em Luxemburgo.

A Alta Autoridade, órgão independente dos respectivos governos dos Estados-partes, na prática trabalhava em estreita relação com estes, em especial com o Conselho de Ministros. A análise dessa relação institucional, entre Conselho e Alta Autoridade, mereceu remissão de K. Adenauer (Nouschi, 1994, p. 84).

> O Conselho situa-se no ponto de encontro entre as duas soberanias, uma supranacional, outra nacional, mas ainda que deva salvaguardar os interesses nacionais dos Estados-membros, ele deverá abster-se de considerar esta missão como primordial [que] consistirá, antes, na promoção dos interesses da Comu-

---

uma *saudável* concorrência para aqueles setores, extinguindo subsídios, tarifas preferenciais e cartéis. Incluem-se medidas de orientação de investimento e produção, bem como normas que facilitem a livre circulação de mão-de-obra (Nouschi, 1994, p. 85).

> nidade [...] Por essa razão, ele deixará [...] ao organismo supranacional da Comunidade – a Alta Autoridade – a liberdade para se desenvolver [...].

Assim, a realidade entre as nações européias fez surgir a necessidade de cooperação e coordenação de políticas econômicas, conquistas que, na ótica comunitarista, somente poderiam ser alcançadas com a instauração de um poder "supranacional" funcional.

Ironicamente, tem sido essa exclusividade de objetivos econômicos, comerciais e concorrenciais a causadora da consternada implementação institucional da Comunidade, prevalecendo, ao fim e ao cabo, os ideais gaulistas, retratados na expressão de Pierre Cot: "Para além do sonho, há realidades. As realidades são as nações. E não se pode subverter as nações" (acrescentaríamos: "e os interesses econômicos defendidos por seus dirigentes").

Sobre esse aspecto, a soberania indivisa permanece nas mãos dos Estados que, intermediados pelo Conselho, mantêm a competência para a ratificação e a implementação[19] do Tratado, seguindo a Comissão como mera mandatária.

A criação da Ceca e a "transferência" de parcelas específicas de "soberania" nacional para a instituição da Alta Autoridade acabaram por afastar o controle dos parlamentos nacionais sobre essas respectivas matérias. A existência dessa lacuna também registra a irresponsabilidade daquelas instituições e define as premissas para um sofisticado

---

19. A recusa inglesa em participar da Ceca em 1952 (confirmada por sua retirada da Comissão Spaak em junho de 1955) é uma posição inerentemente soberana. Ver, nesse sentido, trecho do discurso de Anthony Eden, ministro dos Negócios Estrangeiros, membro do Partido Conservador britânico (Nouschi, 1994, p. 93-4).

processo deslegitimador da democracia intergovernamental, exigindo a introdução de um órgão parlamentar de caráter supranacional: uma Assembléia Comum.

Essa *Assembléia* caracterizava-se por ser um órgão autônomo dotado de poderes de sanção política sobre o Poder Executivo. Relativamente à sua composição, apesar de o Tratado constitutivo ter previsto a eleição de seus membros pelo sufrágio universal e direto (art. 21 do (T)Ceca), por orientação da Alta Autoridade e do Conselho de Ministros optou-se pela alternativa de composição indireta: seus membros foram designados pelos seis parlamentos nacionais.

Origem da Comunidade Econômica Européia (CEE) e da Comunidade Européia de Energia Atômica (CEEA) e suas estruturas institucionais

Sinônimo de um ideal de unidade, a Ceca refletiu de fato a ambigüidade da relação franco-alemã: em Paris, o plano tem a incumbência de solucionar e assegurar a preeminência industrial da França na Europa; em Bonn, é saudado como sugestão concreta da equivalência da igualdade de direitos entre os dois países, e a Alemanha reencontra a "soberania", ultrajada no ato de rendição incondicional de 1945.

A implementação do Plano Pleven[20] e a formação de um exército comum europeu, incentivados por Monnet e Schuman, não prevaleceram ante as reservas francesas.[21]

---

20. Ver Quadro: Evolução do processo comunitário, p. 107.

21. A rejeição da Comunidade Européia de Defesa (CED) (27.5.1952) pela Assembléia Nacional Francesa (1954) afastou o ideal de um projeto político entre os seis Estados. O projeto da CED teve origem no Plano Pleven e visava a assegurar a participação alemã na defesa atlântica, sem propiciar contudo a reconstrução de seu exército. Essa proposta contou com o apoio norte-americano de Eisenhower.

A oposição dos governantes europeus a delegar novas competências "de soberania" só ampliou a solução dada pela cooperativa econômica. O recuo dos objetivos políticos incentivou a renovação da "rede de homens influentes".

Seguindo a linha do Tratado de Paris, os Tratados de Roma, atos de criação da CEE[22] e da Ceea,[23] reuniram duas lógicas até então inconciliáveis: a tradição liberal clássica, herdada de Adam Smith e David Ricardo,[24] representada pelos *magnatas* do carvão e do aço, e a tradição intervencionista dos poderes públicos, dos filhos de Saint-Simon,

---

Esse projeto foi concebido por uma Assembléia *ad hoc* formada pelos membros da Assembléia Parlamentar da Ceca e por parlamentares nacionais e consistia num modelo institucional de competências específicas para a formação de um mercado comum e para a coordenação das políticas exteriores dos Estados-membros (ibidem, p. 87-90).

22. O esforço de criação da CEE foi precedido de um lado, por um acordo amplo e abrangente, mas também vago, de cooperação e coordenação no quadro da Oece, e de outro, pela integração, a partir da delegação de parcelas específicas de soberania, seguindo o protótipo da Ceca. Decorre daí a influência da Ceca no modelo da CEE, consagrando um sistema composto por Estados com projetos de desenvolvimento de natureza econômica liberal e amplamente dependentes de mercados externos (Casella, 1994, p.77).

23. Em 1957, seguindo o exemplo da França, os seis aprovaram a Ceea ou Euratom. O encerramento das atividades no Canal de Suez em 1956 e a instabilidade do Oriente Médio fizeram crescer a apreensão por uma crise petrolífera. Necessitando de uma fonte de energia alternativa, a Europa tenta corrigir seu desequilíbrio com o domínio atômico. Para a França, mais que um *lobby* fortemente integracionista, um meio indireto de controlar a Alemanha nesse setor sensível, haja vista o sucesso de seus estudos nessa área (a França possui em 1957 duas vezes mais engenheiros nucleares que a totalidade de seus parceiros europeus). A história abortada da Euratom é, no entanto, exemplar, pois demonstra que a construção européia se fez por meio dos grupos de pressão que se fizeram e desfizeram constantemente (Nouschi, 1994, p. 108-112).

24. O princípio da liberdade total do comércio (eliminação de barreiras alfandegárias que asseguram a possibilidade de concorrência externa – art. 85) e a especialização de sua produção encontram-se presentes no preâmbulo dos art. 9

representada pelo presidente da confederação dos sindicatos alemães, que passaram a descobrir e a usufruir dos benefícios da integração.[25]

Mas como fazer coexistir concorrência e cooperação? As leis do mercado com as garantias da intervenção estatal? Como conjugar objetivos econômicos e políticos? Para Marc Nouschi, a resposta está na eterna construção/desconstrução do processo europeu, na alegoria do mito do rochedo de Sísifo.[26]

Os Tratados de Roma não criaram novas instituições supranacionais. O poder de decisão dessas duas comunidades permaneceu nas mãos do Conselho de Ministros, que estatuía por unanimidade. Para a Comissão, restava o duplo papel de iniciativa e execução legislativa. A Assembléia continuava a ser formada por delegados nacionais[27] e o

---

("a Comunidade assenta numa união aduaneira que se estende à totalidade das trocas de mercadorias...") a 34 dos Tratados de Roma. Esses dispositivos encontram-se em consonância com a proposta do Gatt (*General Agreement on Tariffs and Trade*) de 1947 (ibidem, p. 93-4).

25. A influência keynesiana projeta-se na lógica da Política Agrícola Comum (PAC), que consagra os interesses dos agricultores e seu direito à melhoria *de vida*, e no Fundo Europeu de Orientação e Garantia Agrícola (Feoga), depois Fundo Europeu de Desenvolvimento Econômico Regional (Feder), em 1975. De fato, a instituição da PAC também subscreveu-se por outros dois *lobbies:* o dos poderes públicos franceses com a finalidade de restabelecer a balança comercial franco-alemã, e o da intenção de Adenauer em selar definitivamente a união entre os dois países. O relatório Mansholt, em 1968, aponta para a superprodução agrícola, a conseqüente baixa de preços no mercado e a alta de custos da política para toda a Comunidade em prol de alguns interesses específicos. A reforma da PAC só foi realizada em meados de 1980 (ibidem, p. 93-96, 119-20).

26. Sísifo era rei de Corinto, quando castigado por Hades, deus dos mortos, foi condenado a empurrar uma enorme pedra até o alto de uma montanha. Antes de chegar ao topo, porém, a pedra rolava para baixo, obrigando Sísifo a retornar a sua tarefa até o fim dos tempos.

27. "Art. 137 do Tratado da CEE: A Assembléia, composta por representantes dos povos dos Estados reunidos na Comunidade, exerce os poderes de deliberação e de controle que lhe são atribuídos pelo presente Tratado"; "art. 138.3: A Assembléia

orçamento, resultado de contribuições dos Estados nacionais, não de receitas autônomas.[28]

Para R. Marjolin, os negociadores dos Tratados de Roma souberam evitar conceitos[29] como o de supranacionalidade e omitiram termos ambiciosos, como o da Alta Autoridade. O sistema introduzido pela CEE e pela Ceea pretendeu reduzir o papel do órgão independente dos Estados – a Comissão – e reforçar a intervenção determinante do órgão intergovernamental – o Conselho. Com o objetivo de superar os dilemas da Comunidade Européia de Defesa, os poderes foram consubstanciados entre os dois órgãos: Comissão e Conselho de Ministros.

Na prática, apesar de seus poderes terem sido reduzidos, a Comissão se constrói como poder guardião dos tratados, fazendo-se res-

---

elaborará projetos com vistas a permitir a eleição por sufrágio universal direto, segundo procedimento uniforme em todos os Estados-membros. O Conselho aprovará, por unanimidade, as disposições cuja adoção recomendará aos Estados-membros, de acordo com as normas constitucionais respectivas."

28. Atualmente o orçamento da UE dispõe das chamadas *receitas* autônomas ou próprias tradicionais (representam 14% do total das receitas: formadas pelas contribuições agrícolas cobradas sobre as importações de produtos agrícolas provenientes de países que não pertencem à UE, além dos direitos alfandegários, decorrentes da pauta aduaneira comum aplicada às trocas comerciais realizadas com terceiros países), acrescidas de outros recursos como o imposto sobre produto de valor agregado, o IVA, (1% sobre a matéria coletável), que representa 35% do total da arrecadação (*O orçamento da Europa: para que serve o seu dinheiro?* Comissão Européia, 2000, p. 8).

29. Os Tratados de Roma contemplaram uma aparente obscuridade política. Ao flexibilizar a forma de integração, deixaram os aspectos organizacionais para serem incrementados passo a passo, segundo a vontade dos Estados-partes, garantidas no âmbito das instituições européias. Por outro lado, a seqüência dessa política conduziu a uma série de interpretações sobre qual seria o estágio final dessa integração, dúvidas que não seriam esclarecidas em nenhum dos tratados posteriores. Outra constante apresentada no cômputo do tratado foi o divórcio entre as idéias de política européia e de área de livre comércio europeu, que passaram a trazer um outro sem-número de conflitos internos (Chryssochoou, 2000, p. 5-6).

peitar pelo interesse comunitário. O estipulado no art. 3º dos Tratados de Roma tornou a Comissão *senhora* do jogo europeu, à exceção das políticas industriais disciplinadas pelas outras duas comunidades.

> Art. 4º do Tratado da CEE:
>
> 1. A realização das tarefas confiadas à Comunidade será assegurada por:
>   – uma Assembléia;
>   – um Conselho;
>   – uma Comissão;
>   – um Tribunal de Justiça.
>   Cada instituição atuará dentro de seus limites das atribuições que a ela são conferidas pelo presente Tratado.

O termo instituição restringe-se a cada um dos órgãos enumerados, cabendo a eles a efetivação dos princípios acordados cuja linha mestra é apontada pelo art. 4º citado, detalhado na parte V, título I, capítulo I, arts. 133 a 188 do Tratado. Juntamente com a Assembléia, com o Conselho, com a Comissão e com o Tribunal de Justiça, outros órgãos complementam as atividades da Comunidade, como o Conselho Econômico e Social e o Tribunal de Contas.

Enquanto algumas disparidades funcionais dessas instituições foram supridas pela Convenção anexa aos Tratados de Roma (27/mar/1957), alteração dos arts. 21 e 32 do Tratado de Paris, respectivamente sobre o Tribunal de Justiça[30] e a Assembléia, outros es-

---

30. Como já foi mencionado, o Tribunal de Justiça passou a ter função primordial, principalmente na ausência de uma disposição que referendasse o caráter supranacional dos órgãos comunitários. Por essa razão, muito se tem debatido sobre um suposto retrocesso dessas Comunidades em relação à Ceca (Nouschi, 1994, p. 98); (Campos, 1995, p. 107).

forços[31] fizeram desaparecer o discrepante poder intergovernamental representado pelos órgãos do Conselho Europeu e do Conselho de Ministros, em detrimento de outros órgãos, dotados de legitimidade direta, como a Assembléia.

A Assembléia Comum foi mantida nos Tratados de Roma (1957), tornando-se, segundo Convenção anexa, uma instituição comum às três comunidades, aumentando o número de seus representantes de 78 para 142, e incluindo, no art. 138.3, normatização referente ao estabelecimento de um futuro Procedimento Eleitoral Uniforme, também chamado de Projeto Eleitoral Unificado (PEU). Assim, em 1958, surge a Assembléia Única, que se transforma em Parlamento Europeu em 1962.

Mesmo com esses indícios de mobilização democrática, o *poder decisório* permaneceria nas mãos do *Conselho*, cabendo à Assembléia apenas a elaboração de propostas e a realização de consultas às normas comunitárias (Oliveira, 1999, p. 130).

A aprovação do informe Dehouse, em 1960, consistiu na aceitação concomitante da proposta de eleições parlamentares européias por sufrágio universal e direto, no aumento das cadeiras na Assembléia (de 142 para 426), bem como na decisão de deixar a cargo dos Parlamentos Nacionais, por um período transitório, a implementação de um PEU (Ossorio et al., 1995, p. 13-4).

A preocupação da transformação da Assembléia em Parlamento trouxe à baila o questionamento sobre a legitimidade eleitoral da instituição, e seus integrantes, até então duplamente mandatários, resolveram levar a cabo a proposta de uma identidade própria, essencial

31. Nenhum dos tratados posteriores [ao Ato de Fusão dos Executivos (Tratado de Bruxelas) (8/abr/1965): o Ato Único (17/fev/1986), Maastricht (7/fev/1992) ou Amsterdã (2/out/1997)] solucionou o discrepante poder intergovernamental do Conselho de Ministros e do Conselho Europeu.

para a construção de um projeto de cunho federalista. Com a mudança da denominação de Assembléia das Comunidades Européias para Parlamento Europeu e com a ampliação das comunidades para nove membros, o movimento integracionista receberia um novo impulso.

Do Tratado de Bruxelas ao Ato Único Europeu

O Tratado da CEE estendeu o da Ceca para além da produção de carvão e de aço, abrangendo a liberdade de circulação de quaisquer mercadorias, bens, serviços, capitais e pessoas. Essa ampliação impossibilitou[32] a manutenção de uma série de restrições impostas ora por Governos, mediante barreiras tarifárias ou não-tarifárias, ora por agentes econômicos privados, mediante práticas restritivas da liberdade comercial e abuso de poder econômico. Essas disposições excluíam os produtos abrangidos pela Ceca e Euratom.

O Tratado de Bruxelas (8/abr/1965), conhecido como Tratado de Fusão dos Executivos, procurou fusionar as estruturas institucionais de cada comunidade, transformando os três Conselhos de Ministros (Ceca, Ceea, CEE), as duas Comissões (CEE e Ceca) e a Alta Autoridade (Ceca) num único Conselho e numa única Comissão. Essa unificação, porém, teve efeitos limitados, já que os três Tratados per-

---

32. O levantamento das barreiras não-tarifárias para o comércio, freqüentemente levantadas como forma de proteção das economias nacionais, vem ocorrendo, à exceção dos produtos agrícolas, a partir de 1980 pela pressão de grupos de interesse junto ao PE, entre eles o grupo Kangaroo. Igualmente o *Albert-Ball Report on European Economic Recovery*, que procurou quantificar os custos da não-europa, recomendou a remoção dessas espécies de barreiras e o estabelecimento da liberdade de circulação de produtos e serviços. Esse relatório foi adotado pelo PE após as eleições de 1984 e orientou o Programa de Mercado Comum que seria instituído pelo Tratado de Maastricht em 1992 (Welsh, 1996, p. 55-6).

maneceram separados, e o Executivo Único, para fins de aplicação, manteve-se com suas competências distintas. O Tratado de Bruxelas ainda definiu um único orçamento para as comunidades, com exceção das receitas operacionais da Ceca.

O afastamento de De Gaulle[33] do cenário político francês e a ascensão de G. Pompidou puseram fim a uma série de crises institucionais, ocorridas nos anos 1960.[34] Assim, com a ampliação do número de seus membros, foi inaugurada uma nova fase do processo de integração europeu.[35] A Conferência da Cúpula de Haia, realizada entre Chefes de governo dos seis Estados-membros, em 1969, abriu a possibilidade de novas adesões.

---

33. Abertas as negociações para a adesão, logo evidenciou-se que o Reino Unido não abandonara de todo suas ambições de amoldar a si mesmo as normas das comunidades. Pretendia uma adaptação às normas do Mercado Comum, segundo seus *propósitos de preferências coloniais*. Os seis e, principalmente, a França de De Gaulle, obstaculizaram sua entrada por duas vezes (1963 e 1967) (Campos, 1995, p. 115-6).

34. À exceção da crise marcada pela rejeição da Comunidade Européia de Defesa (CED), a primeira ruptura no processo integracionista europeu se dá com a *política da cadeira vazia*, quando, em 1965, o general De Gaulle rompe com a política de financiamento da Política Agrícola Comum (PAC) para o período 1965-1970, para se opor à relação de poder entre os Estados (Conselho de Ministros) e a Comissão. Para os franceses, tanto questões financeiras quanto organizacionais sobre a PAC, como problemas aduaneiros, implicam soluções unânimes de seus membros. Para De Gaulle, o Tratado de Luxemburgo (26/jun/1966), no que concerne aos procedimentos de tomada de decisão por maioria no seio do Conselho, não poderia derrogar disposições contrárias do vigente Tratado de Roma (Nouschi, 1994, p. 125-6). Esse fato comprova que, pelo menos até 1970, não se poderia falar em "abandono da soberania", apesar de os tratados comunitários estarem em vigor desde 1951.

35. O Reino Unido, por razões políticas e econômicas, resolve solicitar a adesão às comunidades: a desagregação da *Commonwealth*, dúvidas crescentes em relação ao seu prestígio junto aos Estados Unidos, crise econômica e financeira desses países (Campos, 1995, p. 114).

Já o Ato Único Europeu foi o ato jurídico (Tratado) que veio modificar os Tratados das três comunidades (art. 33, § 1º do Tratado de Luxemburgo ou AUE, de 17/fev/1986) e teve como objetivo:

- alterar os três Tratados distintos, realizando um único documento;
- reunir nesse documento único a reforma das instituições, ampliando as competências comunitárias, criando novas políticas e estabelecendo as bases da cooperação européia em matéria de política exterior.

Assim, as mudanças trazidas pelo AUE poderiam ser resumidas:

- no progresso competencial das instituições comunitárias, fazendo-se referência ao Parlamento Europeu, que teve definida a sua participação no procedimento de votação do orçamento das comunidades[36] e no *procedimento de cooperação (art. 149 do (T)CEE)*[37];

---

36. Pela revisão do art. 203, emenda aos Tratados de Roma em 1970, concedeu-se à Assembléia, então Parlamento, a possibilidade de participar da decisão sobre a disposição de recursos no âmbito do orçamento comunitário. Pelo procedimento, o Parlamento tinha a oportunidade de emendar a versão emendada do Conselho, a partir do projeto preliminar elaborado pela Comissão. Para que as emendas apresentadas pelo Parlamento fossem encampadas, elas deveriam ser aprovadas por maioria absoluta de seus membros, quando dissessem respeito às despesas compulsórias, cerca de 80% do orçamento à época. Proporcionar ao Parlamento um papel preponderante nesse procedimento valeu a luta do primeiro grupo de parlamentares eleitos em 1979 (Welsh, 1996, p. 43-4). O PE desempenha facultativamente o controle sobre a Comissão na execução do orçamento das Comunidades. PE e Conselho compartilham a tarefa de elaboração do orçamento, fortalecida pelo Tratado de Luxemburgo de 22/abr/1970, que modificou as competências orçamentárias no sentido de lhe atribuir recursos próprios (DOCE 2/jan/1971) (Arribas, 1994, p. 13).

37. O *procedimento de cooperação* aplica-se atualmente (art. 252 do Tratado

- na dotação do Conselho de Ministros e suas competências específicas para exercer o Poder Legislativo na CEE, deter o Poder Executivo geral e atuar sobre normas comuns;
- no reconhecimento do Conselho Europeu (art. 23 do AUE) como órgão institucional, formado pelos Chefes de Estado ou de Governo dos Estados-membros, assessorados pelos Ministros das Relações Exteriores;[38]
- na criação de uma nova instância jurisdicional para pessoas físicas e jurídicas, nacionais dos Estados-partes, entre outras (Casella, 1994, p. 162-3, 176-83);
- na evolução econômica da CEE, colocação das bases para União Econômica e Monetária.

Seus princípios norteadores encontram-se nas exposições de motivos do Tratado: a) dar prosseguimento ao esforço de construção

---

da CE) no domínio exclusivo da União Econômica e Monetária (art. 99, n.5 e art. 106, n. 2 do (T)CE). Esse procedimento introduz uma segunda Leitura do PE e do Conselho no processo legislativo comunitário: proposta da Comissão → ao Conselho e ao PE → PE emite parecer ou ditame → Conselho emite "posição comum" → PE analisa a "posição comum", aprovando, emendando ou rejeitando → Conselho pode aprovar; enviar à Comissão, no caso de emendas introduzidas pelo PE; impor a "posição comum" por unanimidade → Comissão pode transmitir proposta reexaminada ao Conselho ou rechaçar as emendas do PE arrazoadamente → No primeiro caso, o Conselho pode aprovar por maioria qualificada a proposta reexaminada pela Comissão ou ainda poderá modificá-la por unanimidade; no segundo caso, pode adotar por unanimidade → a decisão final é do Conselho (*O ABC do Direito Comunitário*, Comissão Européia, 2000, p. 76-7; Arribas, 1994, p. 15-6).

38. O atual artigo L do Tratado da UE exclui esse órgão político da jurisdição do Tribunal de Justiça, determina a ele a competência para impulsionar o desenvolvimento do processo de integração da União e fixa suas grandes orientações gerais políticas e econômicas (Oliveira, 1999, p. 168).

da UE;[39] b) promover tal implementação pelas comunidades; c) promover a democracia;[40] d) valorizar o papel do Parlamento; d) promover a melhoria da situação econômica e social, entre outros.[41]

Nos anos 1970, a conveniência de celebrar eleições para uma Assembléia relativamente impotente e vazia de poder, apesar das pretensões parlamentares e legislativas, foi repetidamente posta à prova. Logo tornou-se claro que o art. 149 dos Tratados de Roma apenas garantira à Assembléia um certo *status* institucional, mas nunca chegara

---

39. Welsh (1996, p. 57) lamenta que os Estados-partes tenham desconsiderado os apontamentos do Comitê Institucional do PE, baseados no projeto Spinelli de Tratado, que ambicionando uma alternativa federalista para a Comunidade, autorizou ao PE uma genuína função de defensor dos cidadãos, exercendo o legítimo controle sobre as atividades do Conselho e da Comissão. Altiero Spinelli e os membros do *Crocodile Club* defendiam a participação das elites políticas e parlamentares no âmbito constitucional europeu. O *Crocodile Club* foi formado em 1980, reunindo diversas tendências políticas, chegou a mobilizar o PE em torno de suas idéias em defesa de uma cultura européia, contribuindo para a criação de uma comissão institucional de caráter permanente (Oliveira, 1999, p. 114). Seu principal escopo tornara-se mobilizar a opinião pública em torno da construção da Comunidade Européia, nem que para isso tivesse de incentivar uma reforma institucional a favor do PE. O PE consagrar-se-ia como o símbolo do projeto federalista (Lodge, 1995, p. 67).

40. A existência de um Parlamento eleito por sufrágio direto não é suficiente para satisfazer a exigência fundamentalmente garantida de democracia popular dos Estados-membros. São necessários outros inúmeros requisitos como: a transparência no processo de tomada de decisões, a responsável representatividade dos membros eleitos e a participação de todos os atores sociais interessados (Ferraz, 1999, p. 165). Ver também sobre a importância da complementação entre modelo decisionístico de deliberação, que restringe a democracia ao momento eleitoral e modelo argumentativo de deliberação, que consagra a importância ao processo de debates eleitorais (Avritzer, 2000).

41. Concomitantemente à ampliação dos poderes do PE, há a evolução dos trabalhos dos *lobbies* junto a essa instituição (Morata, 1995, p. 136).

a prever em que circunstância seria concretizado. A capacidade para proposição de emendas legislativas[42] não significou o controle das atividades sobre o Conselho de Ministros e sobre a Comissão.

Pequenas barganhas (1970-1973) com o Conselho, conservando a secundária participação no procedimento de controle financeiro, renderam-lhe o acordo de 1976, referente à celebração das eleições diretas para 1979. As diferentes legislações eleitorais exigiriam que se estabelecesse um Projeto Eleitoral Unificado (PEU).[43]

Em 14.1.1975, o PE adota definitivamente o Projeto Paitjin, convertendo-o em Ata Relativa às Eleições dos Representantes na Assembléia por Sufrágio Universal Direto (Ata de Bruxelas), que foi combinado a um outro acordo de transferência de cadeiras.

A Ata de Bruxelas não fixa um PEU, apenas diretrizes para as eleições celebradas pelos respectivos Estados-membros. Assim, não regulamenta o dispositivo do art. 138 (T)CEE, apenas ordena o conjunto de processos eleitorais nacionais (doze eleições nacionais) conduzido em cada Estado. É em 1979 que o PE experimenta a primeira eleição

---

42. De fato, pouco antes das eleições de 1979, a Corte de Justiça das Comunidades já havia julgado pela aplicação dos Tratados de Roma, no que concerne à obrigação de recebimento de parecer do PE, sem o qual o Conselho não poderia finalizar o processo legislativo. Com a decisão do caso Isoglucose (casos 138/79 e 139/79), proporcionou-se ao PE a possibilidade de retardar o procedimento legislativo, caso a sua proposta de emenda fosse ignorada. Essas decisões fundamentaram a criação do *procedimento de cooperação*, implementado pelo Ato Único Europeu (Welsh, 1996, p. 53-4). Outra ocasional reação do PE ocorreu em dezembro de 1995, submetido à Corte de Justiça Européia (caso C-392/95) relativo à interpretação do arts. 100, c/c 173 do (T)CE, "em defesa de sua prerrogativa de manifestação".

43. Ossorio faz referência ao caso espanhol que torna inadmissível a compatibilidade de mandatos, nacional e comunitário, contrariando disposição comunitária (Ossorio et al., 1995, p. 15).

mediante sufrágio universal e direto, elegendo 410 membros, com distribuição de cadeiras mais "eqüitativa".

Muito se discutiu, no entanto, sobre a legitimidade representativa dos membros dessa primeira eleição, pois não menos que nove ex-primeiros-ministros, incluindo Brandt da Alemanha e Debré da França, haviam sido eleitos.

Configurava-se um Parlamento com preponderante origem executiva e com mínima experiência política parlamentar.[44] A maioria dos nomeados da antiga Assembléia tornara-se líder no atual Parlamento, permanecendo distante dos Parlamentos Nacionais e dos cidadãos europeus.

Entre as "batalhas" institucionais travadas pelo Parlamento, durante este primeiro mandato, está a tentativa de reordenamento das prioridades orçamentárias, em oposição à proposta dos Estados francês, irlandês e dinamarquês, representados pela pessoa do Conselho, para a manutenção das despesas com a PAC, as quais somavam cerca de 70% do orçamento. A conquista de um teto anual para cada uma das cinco categorias de despesas orçamentárias da Comunidade, entre elas para a Política Agrícola Comum, apenas veio a se consagrar durante o segundo mandato parlamentar na Conferência do Conselho Europeu de Fontainebleau, em 1987. No entanto, o Parlamento não logrou competência para ampliar e aumentar impostos ou taxas comunitárias, direito conservado pelo Conselho, o que vem dificultar a promoção de sua própria autonomia institucional.

As primeiras eleições diretas impulsionaram a promoção do art. 138.3 do Tratado da CEE, que dispõe sobre a uniformização eleitoral. Não obstante, o próximo desafio seria a elaboração de um projeto de

---

44. Dos 98 membros da delegação britânica, apenas 11 tinham alguma experiência parlamentar.

escrutínio único. Mais do que deliberar sobre a fórmula majoritária ou proporcional, essa decisão compatibilizaria duas distintas tradições: a majoritária, anglo-saxã, e a proporcional, de raízes continentais. Apesar das alternativas de projetos,[45] nenhuma das fórmulas se consagraria como solução para PEU.

Estrutura institucional do Tratado de Maastricht por uma União Européia

A construção da Comunidade Européia (CE) rumo à efetivação da União Européia (UE) tem suscitado inúmeras controvérsias. Para tentar solucioná-las, cabe ensaiar um balanço do que já foi alcançado e analisar algumas perspectivas para o seu futuro.

Se, por um lado, ocorreu uma mudança qualitativa na história européia em torno de uma proposta de integração, por outro, a edificação de um mercado comum, acrescentando elementos de solidariedade e de coordenação econômica, ressente-se de um verdadeiro e

---

45. O Projeto Seitlinger (5/abr/1982) estabelecia a opção pelo escrutínio proporcional em distritos de 3 a 15 cadeiras, cujos Estados teriam liberdade para fixar suas condições de apresentação de listas, distribuindo as cadeiras a partir de um duplo nível (uma rodada nacional decidida entre as listas de partidos, outra por circunscrição a partir da votação de cada lista). O Projeto Rothley (6/ago/1986) adotava o requisito da nacionalidade obrigatória para votar ou ser votado, proibia a estipulação de um número mínimo de votos e dividia o preenchimento de cadeiras por Estado do seguinte modo: 2/3 mediante um sistema majoritário de distritos plurinominais e 1/3 preenchido pelo respectivo distrito aplicando o método D'Hondt. E o Projeto Hübner (8/jul/1986) inovava estabelecendo a divisão do território de um Estado-membro (com mais de seis deputados) em circunscrições (variando entre 3 e 17 cadeiras), estabelecendo o sistema proporcional misto no nível de cada circunscrição, combinada ao método D'Hondt em nível nacional (Ossorio et al., 1995, p. 16-8, Lodge, 1995, p. 225-6).

unificado mercado interno, principalmente no que tange à livre circulação de pessoas.

É nesse contexto de indefinição, calcado nos debates europarlamentares sobre a reforma dos tratados, que surge o Tratado de Maastricht ou Tratado da União Européia – (T)UE (7/fev/1992).

Aprovado, com pequena margem, em um *referendum* na França, com reticências pelo Reino Unido, que renunciou às propostas de implementação imediata do Sistema Monetário Europeu, e vetado pela Dinamarca, o Tratado da UE suscita impasses que se perpetuam até hoje.[46]

O artigo B do (T)UE dispõe sobre suas normas programáticas:

- promover o progresso econômico e social equilibrado e sustentável, mediante a criação de um espaço sem fronteiras internas, reforçado pela União Monetária;
- afirmar a identidade comunitária no cenário internacional, por meio da execução de uma política externa e de segurança comuns, podendo alcançar um projeto de defesa comum;

46. A crise aberta em novembro de 1992 retomou a vocação isolacionista francesa contra os demais membros da CEE. A França se utilizou da mesma estratégia de tensão voluntária, do mesmo apelo à união sagrada em torno do governo e da *nação*, última muralha dos interesses nacionais, para proteger a política agrícola, revista em maio daquele ano por pressões transatlânticas (baixa dos preços para aproximar-se dos preços mundiais) e internas (redução das despesas agrícolas pelo Feoga em trinta milhões de francos). Essa retórica alternada francesa, ora apoiando as instituições européias em prol de uma futura federalização, ora questionando a sua delegação de competências em prol da conservação da soberania, oscila conforme os interesses políticos e econômicos do país; confirmando acordos em seu proveito com a Alemanha e com a Inglaterra (Nouschi, 1994, p.126-8).

- reforçar a defesa dos direitos e dos interesses dos cidadãos dos Estados-membros, com o objetivo de construir uma cidadania européia;
- desenvolver uma estreita cooperação nos campos da justiça e dos assuntos internos;
- manter a integridade do acervo comunitário, expresso nas políticas de cooperação institucional.

Para que esses princípios venham a se concretizar, o Tratado de Maastricht avançou no processo integracionista europeu e criou a União Européia sobre a estrutura política de três pilares. O primeiro pilar é composto pelas três comunidades: CEE, Ceea e Ceca, reforçadas e alargadas em suas competências pela União Econômica e Monetária. Com a criação da UE, a "Comunidade Econômica Européia" tornou-se "Comunidade Européia"; essa modificação reflete, segundo seus formuladores, a evolução qualitativa da CEE, que passou de uma comunidade puramente econômica para uma "união política". Essa nova designação não engendra nenhuma alteração formal nas três comunidades.[47]

O primeiro pilar consubstancia a forma mais avançada de construção comunitária. No âmbito da CE, da Ceea e da Ceca, as instituições comunitárias podem promulgar, nos domínios das respectivas competências, legislação diretamente aplicável aos Estados-membros,

47. A criação da UE levou à alteração da designação de algumas instituições comunitárias. A partir de 8 de novembro de 1993, o Conselho das Comunidades Européias passou a ser chamado de Conselho da União Européia e a Comissão das Comunidades Européias, de Comissão Européia. Os atos promulgados pelas diversas instituições permanecem vinculados à Comunidade correspondente (Comissão Européia, *O ABC do Direito Comunitário*, 2000, p. 18).

que poderão se sobrepor aos respectivos direitos nacionais.[48] Para além das competências executivas específicas, os tratados comunitários prevêem a possibilidade de serem adotadas outras disposições, desde que indispensáveis para a concretização de seus objetivos (art. 308 do (T)CE, art. 203 do (T)Ceea e art. 95, n.1 do (T)Ceca – são os chamados poderes de ação subsidiária). No entanto, o exercício dessas competências deve ficar sujeito ao *princípio da subsidiariedade (art. 5º do (T)Ceca e art. B e § 2º do art. 3-B do (T)UE)*, que visa a salvaguardar a atuação dos Estados-membros sempre que eles forem capazes de alcançar os objetivos pretendidos pela União Européia.[49] Como a capacidade reguladora dessas instituições é muito ampla, o Tratado refere-se a "políticas comuns" quando prioriza a implementação de uma única política comum para todos os Estados, como intenta ser a de transportes. Por outro lado, denominam-se "ações comuns" todos os esforços que visem a aproximar as políticas dos Estados na questão social, educacional, ambiental, entre outras, encontrando-se preservadas as respectivas competências legislativas (ver Quadros 2 e 3).

---

48. Os atos jurídicos que podem interferir mais profundamente nos ordenamentos nacionais são os regulamentos dos (T)CE e da (T)Ceea e as decisões gerais do (T)Ceca. Esses atos, no entanto, não podem ser considerados "leis européias", pois, oriundos do *procedimento de co-decisão*, falta a eles a responsabilidade parlamentar. Outros instrumentos de ação, como as diretivas da CE e da Ceea e as recomendações da Ceca, procuram harmonizar as diversas legislações nacionais, suprimindo as diferenças e vinculando o Estado-membro apenas quanto ao resultado a alcançar. Por último, recomendações e pareceres não vinculam os Estados (ibidem, p. 65-70).

49. "Nos âmbitos *que não sejam de sua competência exclusiva*, a Comunidade intervirá somente na medida em que os objetivos da ação pretendida não possam ser alcançados de maneira suficiente pelos Estados-membros, e, por conseguinte, possam ser melhor alcançados [...] em âmbito comunitário" (§ 2º, art. 3B do (T)UE).

Até a entrada em vigor do Tratado da UE, a composição política entre os Estados-membros da CE inscrevia-se no campo da Cooperação Política Européia (CPE), lançada em 1970. Tratava-se de um processo de consultas regulares aos ministros de Negócios Estrangeiros de cada Estado-parte, com o objetivo de melhorar as trocas de informações, desencadeando ações conjuntas na órbita da política externa. As freqüentes crises políticas (Guerra do Golfo, guerras na Iugoslávia, desagregação soviética) passaram a exigir das Comunidades Européias uma postura diferenciada.

Atualmente as decisões em matéria de política externa e, sobretudo, de segurança comum inserem-se no segundo pilar e continuam a ser tomadas sob a forma de cooperação entre os Estados, definidas pelo Conselho Europeu (art. 4º do (T)UE). Elementos essenciais para a manutenção da autonomia estatal e, por conseguinte, para a conservação da soberania, as políticas externa e de segurança refletem dificuldades no momento de sua delegação funcional a instituições da supra-estrutura. A essas políticas reservam-se as contemporizadoras "posições comuns", sem aplicabilidade e executoriedade jurisdicionais imediatas no âmbito de cada Estado.

O terceiro pilar da cooperação policial e judicial, respectivamente, diz respeito ao combate à criminalidade, ao racismo e à xenofobia (arts. 29 e 30 do (T)UE) e à simplificação e à aceleração na tramitação de processos e execução de sentenças (arts. 31 e 32 do (T)UE). Do mesmo modo, essas políticas assentam-se na cooperação entre Estados-membros.

O Tratado da UE realizou profundas alterações junto à Comunidade Européia, modificando mais de 160 dispositivos, de um total de 248, no (T)CEE. Utilizando letras para numerar artigos, esse Tratado condensou em um corpo único quase todo o direito comunitário: os Tratados das Comunidades sob os títulos II (CE), III (Ceca) e IV (Ceea), mais outros dois títulos sobre a Pesc e a Cooperação

Judicial e de Assuntos Internos e em anexo mais 17 protocolos e 34 declarações (Casella, 1994, p. 592-6; Oliveira, 1999, p. 117-20).

O Conselho (art. 145 do (T)CE) continua retendo as competências de coordenação das políticas econômicas gerais dos Estados-membros e o poder de decisão, o qual permite a ele manter um autêntico monopólio da produção legislativa comunitária e de determinação das políticas comuns adotadas. Exerce o poder Legislativo, podendo aprovar ou rechaçar as propostas da Comissão, decidindo em última instância sobre regulamentos, decisões gerais, diretivas, recomendações e pareceres.[50] Desses, somente os regulamentos e as decisões gerais vinculam diretamente os cidadãos de cada Estado-membro.

Nas suas atividades, o Conselho é assistido notadamente pelos Comitês de Representantes Permanentes (Coreper I e II), cujos integrantes são nomeados unilateralmente por cada Estado-parte. O Coreper I medeia e concilia as posições nacionais e supranacionais, preparando o debate de questões técnicas; já o Coreper II coordena as emergentes coalizões políticas. O Conselho ainda mantém a responsabilidade relativa às relações externas da União, dividindo com a Comissão o poder de sua representação internacional e autorizando a abertura das negociações e de acordos comunitários.[51]

---

50. "[...] tendo em vista garantir a realização dos objetivos enunciados no presente Tratado e nas condições nele previstas, o Conselho: assegura a coordenação das políticas econômicas gerais dos Estados-membros; dispõe de poder de decisão; atribui à Comissão, nos atos que adota, a competência de execução das normas que estabelece. O Conselho pode submeter o exercício dessa competência a certas modalidades. O Conselho pode, igualmente, reservar-se, em casos específicos, o direito de exercer diretamente competências de execução [...]" (art. 145 do (T)CE).

51. Para Juliet Lodge, democratizar e acelerar o processo legislativo na CE depende de uma reforma nos procedimentos de votação e a extensão do voto majoritário para quase todas as questões de competência comunitária. A reincidente ausência de consenso no âmbito do Conselho abalou o ideal de unidade europeu e

A Comissão Européia permanece gerindo os interesses da União sobre três dinâmicas políticas diferente: a) salvaguardar os interesses comuns, maximizando os interesses dos Estados-membros; b) primar pela manutenção de sua neutralidade como instância supranacional, apesar de sofrer grande parte dos reveses das diferentes tendências nacionais; c) incorporar uma dimensão burocrática comum a todos os sistemas políticos. À Comissão cumpre a iniciativa legislativa, também a obrigação de executar o orçamento conforme regulamento financeiro e administrar os fundos estruturais, como o Fundo Europeu de Desenvolvimento (FED), o Fundo Europeu de Desenvolvimento Regional (Feder) e o Fundo Europeu de Orientação e Garantia Oficial Agrícola (Feoga) (Oliveira, 1999, p. 143-62).

O Parlamento Europeu segundo Maastricht

Desde seu início, o PE foi uma instituição composta por representantes parlamentares, não-governamentais, com características de um órgão comunitário, não-representativo dos Estados.

É integrado por representantes (625), agrupados conforme sua filiação política, os chamados grupos políticos, que reúnem diferentes correntes partidárias e não se identificam com os partidos nacionais, muito embora acabem por refletir um número de cotas para cada Estado, guardada alguma proporcionalidade com o peso demográfico (por exemplo, a Alemanha unificada conta com 99 cadeiras, a Espanha

---

incentivou a configuração da chamada Europa de duas – ou três – velocidades. Ou seja, formalizou a intergovernamentabilidade e o desacordo decorrentes das diversidades de objetivos entre as nações. Assim, termos de menor monta puderam sofrer implementação pelos membros do bloco, enquanto as discussões sobre a PAC continuam sendo definidas (Lodge, 1989a, p. 47).

com 64, a França com 87 etc.). A bancada partidária ou grupos políticos[52] operam em comissões especializadas, somando dezessete comissões parlamentares repartidas nos mais variados assuntos: de agricultura e desenvolvimento rural, de pesca até política regional, de transportes e turismo de orçamento e controle orçamental, até direitos dos cidadãos e da mulher. Além dessas comissões permanentes, podem constituir subcomissões, comissões temporárias e comissões de inquérito.[53]

Mesmo com as delegações de competências presentes no Tratado de Maastricht, o PE permaneceu ocupando lugar mal definido nesta Comunidade voltada principalmente aos objetivos econômicos. São competências parlamentares:

- aprovar o orçamento da Comunidade, elaborado em conjunto com o Conselho;[54]
- participar das atividades legislativas da Comunidade;[55]

---

52. O grupo político que dispõe do maior número de cadeiras é a Democracia Européia ou Partido Popular Europeu, que congrega as Democracias Cristãs (233); em seguida vem o Grupo de Partidos Socialistas Europeus (181). (Comissão Européia, *O ABC do Direito Comunitário*, 2000, p. 34-5; <http://www.europarl.eu.int/>; acessado em 12/11/2000).

53. As comissões parlamentares mistas mantêm relação de associação com os parlamentos nacionais dos Estados-partes, enquanto as delegações interparlamentares mantêm vínculo entre o PE e parlamentos nacionais de Estados não-membros e organizações internacionais (<http://www.europarl.eu.int/>; acessado em 12/11/2000). Em razão das novas adesões, haverá uma redistribuição diferenciada na formação dessas comissões.

54. No procedimento de elaboração do orçamento da UE, o PE poderá aprovar ou rechaçar o orçamento como um todo; neste caso, o processo deverá ser reiniciado. Isso ocorreu na aprovação do orçamento de 1985, no ano corrente de 1984 (Arribas, 1994, p. 14).

55. Diferentemente do que ocorre com os parlamentos estatais, o PE não dispõe de capacidade legislativa propriamente dita. Sua tarefa se reduz ao limitado

- exercer os controles jurídico e político sobre as atividades das instituições.[56]

Apesar de exercer os poderes de decisão e controle que lhe são atribuídos pelo Tratado, intervindo no processo de revisão dos tratados, na celebração de acordos internacionais (art. 24 do (T)UE), na elaboração do direito comunitário derivado e em matéria de elaboração e fiscalização orçamentária, não lhe é atribuída grande atuação consti-

---

direito de iniciativa, quando, por decisão da maioria de seus membros, solicita à Comissão que proponha a elaboração de um ato comunitário necessário à aplicação de qualquer tratado comunitário (§ 2º, art. 138B do (T)CE, c/c art. G.41 do (T)UE). Mantém-se o *procedimento de consulta* (ampliando-se a aplicação material para a concessão de financiamentos estatais – art. 94 –, nomeação do presidente e membros do Banco Central – art. 109 A, apartado 1 –, e presidente da Comissão – art. 158 –, nas decisões que implementem a União Monetária – art. 109, I etc.). Com o (T)UE, o *procedimento de cooperação* (*art. 189C, c/c G.61 do (T)UE*) teve sua aplicabilidade ampliada para decisões junto ao Fundo Social Europeu, à política de transportes, e à ajuda a países em vias de desenvolvimento. Já o *procedimento de co-decisão*, criado pelo (T)UE, introduz uma terceira leitura ao *procedimento de cooperação*, incide em matérias como direito de estabelecimento (art. 54), mercado interno (arts. 100A a 100B), meio ambiente (apartado 3º, art. 130 S etc.) (Arribas, 1994, p. 14-6).

56. O PE exerce controle político sobre: a) *Comissão Européia*: participa da eleição de seu presidente (§ 2º, c/c 3º, art. 158 do (T)UE); sustenta "voto de confiança" para o programa da Presidência da Comissão; pode aprovar a moção de censura (art. 144 do (T)UE); pode exigir a elaboração de informes anuais (art. 143 do (T)CE); b) *Conselho da União: o PE não dispõe da possibilidade de controlar diretamente a atuação do Conselho:* os governos estatais aduzem que já são responsáveis politicamente perante seus respectivos parlamentos nacionais. O PE limita-se a receber informes regulares daquela instituição; c) Conselho Europeu: o controle é débil e quase inexistente; o PE recebe um informe anual, além do relatório final dos trabalhos de cada Conferência entre Chefes de Estado (a partir da Declaração de Stuttgart, 1983). Desde 1987, o presidente do PE participa das reuniões do Conselho; d) Tribunal de Contas da União e demais organismos como

tuinte, apenas de *co-decisão legislativa* repartida com o Conselho (art. 189-B do (T)CE).[57]

No âmbito do segundo e do terceiro pilar, a necessidade da ampliação das competências parlamentares se faz ainda mais premente. Segundo Molina Del Pozo, o Parlamento Europeu não é senão informado *ex post facto* das decisões tomadas no marco do título VI, sobre cooperação judicial e assuntos de interior, artigo K do (T)UE. Seu papel é ainda menor; quando se refere à elaboração de convênios naquele pilar, sua função permanece restrita à consulta e à recomendação pe-

---

Instituto Monetário Europeu e Banco Central Europeu: nomeação de membros entre outras atividades. Sobre o controle jurídico, o PE poderá interpor recursos e ser submetido aos recursos propostos por outras instituições junto à Corte de Justiça das Comunidades, todas as vezes em que sejam desrespeitadas as disposições dos tratados (arts. 173-175 do (T)CE). A partir do (T)UE, o PE pode exercitar o direito de investigação em relação às alegações de infração ou de má administração na aplicação do direito comunitário. Cria-se aos cidadãos europeus o direito de apresentar queixa ante esta instituição ou junto à defensoria da UE (art. 138 C, D e E, c/c art. G.41 do (T)UE) (Arribas, 1994, p. 10-3) (Ver, sobre controle político: "mecanismos de informação a favor do PE", e sobre controle administrativo: "comissões temporais de investigação", Montoya, 1996, p. 75-111).

57. O parlamentar europeu atua em termos gerais da seguinte forma: um deputado é designado relator da comissão competente (uma das dezessete comissões possíveis) e encarregado da preparação de um relatório prévio analisando a proposta da comissão Européia na matéria; o relator submete seu projeto de relatório à apreciação da Comissão competente; após o debate, é objeto de votação, podendo ser alterado; o relatório será então debatido, votado e alterado em sessão plenária com todos os membros do PE. A posição do Parlamento é assim adotada. No caso do processo de *co-decisão,* a matéria será objeto de duas leituras, uma por cada Casa. Até o Tratado de Maastricht existia uma terceira leitura sobre o projeto, que era realizada pelo Comitê de Conciliação; foi o Tratado de Amsterdã que simplificou o número de leituras. São matérias submetidas ao processo: textos legislativos e do orçamento; quanto ao controle das atividades da Comissão e do Conselho, esse se faz por meio de perguntas orais nas sessões plenárias (<http://www. europarl. eu.int/>; acessado em 12/11/2000).

rante o Conselho, só amenizada pela sua participação ativa na aprovação dos gastos operativos (art. K.8 do (T)UE) (Del Pozo, 1997, p. 118-9).

É pelo *procedimento de co-decisão*[58] que o Parlamento passa a dispor do direito de veto, que o capacita a limitar alguns dos poderes do Conselho, o que não ocorria no *procedimento de cooperação*. O PE ainda possui competência para deliberar sobre futuras adesões de novos Estados-membros e detém o poder de fiscalização política com a chamada *moção de censura* (art. 144 do (T)CE).[59]

A última tentativa encaminhada para conseguir implantar um PEU teve lugar em 1991, momento em que se aprova a proposta de resolução do Procedimento Eleitoral Uniforme pela Comissão de Assuntos

---

58. Procedimento de co-decisão: Comissão apresenta proposta ao PE e ao Conselho → PE adota parecer → Conselho adota "posição comum" → sobre a "posição comum", o PE pode deixar de se manifestar; aprovar; propor emendas; rejeitar → o Conselho pode, nos dois primeiros casos, adotar definitivamente a "posição comum" ou enviar à Comissão as propostas de emendas → Comissão pode aprovar as emendas apresentadas pelo PE ou rejeitá-las → cabe ao Conselho convocar um Comitê de Conciliação (§ 4º, art. 189-B do (T)CE) para alcançar um acordo sobre um texto comum. Nessa terceira leitura haverá a confirmação das emendas propostas, ou, não sendo confirmado o acordo, se extinguirá o processo legislativo (Arribas, 1994, p. 16).

59. Segundo o art. 144 do (T)CE, necessita-se de 2/3 dos parlamentares para aprovar o procedimento de censura à gestão da Comissão; isso significa que se trata de um procedimento muito rigoroso, fazendo da moção um instrumento de controle com êxito discutível. Na história das comunidades, foram registradas apenas cinco moções de censura, das quais duas foram retiradas em favor de acordos (dezembro de 1972 e de 1976) e três foram rejeitadas (junho de 1976, março de 1977 e janeiro de 1999). Em tese, a moção significa a forma de controle mais drástica de que dispõe o PE. No entanto, sua aprovação não determina a queda do executivo europeu. O Conselho se encontra imune ante qualquer reclamação de responsabilidade política iniciada pelo PE. Paradoxalmente, a Comissão, um órgão com poder de decisão muito limitado e titular de competências de marcado caráter

Institucionais do Parlamento Europeu, encabeçada pelo eurodeputado De Gucht. Esse informe não trouxe muitas alterações à proposta Hübner,[60] a não ser pela admissão do *panachage* como forma de expressão de voto. Com a unificação alemã e a necessidade de aumentar a sua representação, seguiu-se a aprovação de um outro informe, revisando o sistema de repartição do número de membros no PE.

Para evitar a infra-representação dos demais Estados-membros, em contrapartida à integração dos 17 milhões de alemães do leste, propôs-se que o número de membros do parlamento europeu não ultrapassasse setecentos.

Finalmente, foi aprovado pelo informe De Gucht a adoção do *princípio da subsidiariedade*, no que diz respeito à fórmula eleitoral, existência ou inexistência de barreiras eleitorais para distribuição de cadeiras, tamanho das circunscrições eleitorais e formas de expressão de voto. Em busca de uma futura uniformização, resolve-se preliminarmente aproximar as respectivas legislações eleitorais.[61]

---

administrativo, é seu único destinatário. O Conselho conforma e defende o interesse dos Estados e, por isso, dificilmente seria admitido que o PE os censurasse de seus governos nacionais. Quando prospera a moção de censura, os membros da Comissão devem renunciar coletivamente, ou seja, um comissário individualmente não pode sofrer tal penalização (Montoya, 1996, p. 112-6; Ferraz, 1999, p. 165; Comissão Européia, *O ABC do Direito Comunitário*, 2000, p. 36; Arribas, 1994, p. 10).

60. Ver sobre a proposta Hübner (8/7/1986) e sistema proporcional misto em grau de circunscrição ou *panachage*, nota 43.

61. Resta mais fácil harmonizar os critérios de fórmula eleitoral e de existência ou inexistência de barreiras eleitorais. Em regra, os Estados europeus optam pela fórmula eleitoral proporcional, à exceção do Reino Unido, que opta pela fórmula majoritária. Em relação à distribuição das cadeiras, persistem variantes. Para a Alemanha e a França, por exemplo, existe a obrigatoriedade de um quórum mínimo de votos em nível nacional. Já as variáveis relativas ao tamanho da circunscrição eleitoral e à forma de expressão de voto oferecem maiores dificuldades na

INTRODUÇÃO À QUESTÃO DO DÉFICIT DEMOCRÁTICO

A rivalidade institucional *vertical* e a conseqüente erosão dos controles democráticos em âmbito europeu refletem o crescente domínio dos executivos nacionais e a correspondente desfiguração das entidades parlamentares na *balança de poderes* do Estado moderno.

A Conferência Intergovernamental de 1991 ampliou e aprofundou a interpretação comunitária sobre o que seja legitimidade democrática. A reincidente obstrução à expansão de poderes supranacionais e a crescente oposição à delegação de poderes governamentais a uma autoridade legislativa unificada, representada no órgão do PE, têm levado à revisão daquela categoria conceitual.

Segundo os comunitaristas, a construção de um autêntico órgão parlamentar europeu é fundamental para suprimir o chamado *déficit democrático* e para superar a crise de legitimidade institucional que cerca toda a União Européia.

Por sua vez, Parlamentos Nacionais e Governos de Comunidades Autônomas (Províncias e Estados Federados) preferem desconfiar dessa centralização de poder, que desarticula as suas formas de representação supranacionais, retirando-lhes a competência de controle sobre seus Executivos nacionais.[62]

---

sua aproximação. Alguns Estados adotam circunscrição eleitoral única ou nacional, como França, Espanha e Dinamarca, outros adotam o sistema de múltiplas circunscrições, como Reino Unido, Bélgica e Alemanha. Ainda quanto à forma de expressão de voto, alguns Estados optam pelo caráter bloqueado e fechado de suas listas de candidatos à eleição, como na Alemanha, na Espanha, na França; outros optam pelas listas fechadas não-bloqueadas, passíveis de alteração nas posições dos candidatos, segundo o resultado de votação de cada candidato, como na Dinamarca, na Holanda, na Irlanda e na Itália (Ossorio, 1995, p. 19-22).

62. Os processos de integração européia e de centralização de determinadas competências em instituições supranacionais repercutem paradoxalmente num

Nesse sentido, ocorreram os debates do Conselho Europeu de Edimburgo (11/dez/1992), durante o qual se propôs uma revisão legislativa comunitária em prol das normatizações nacionais, regionais e locais, o que, segundo muitos, caracterizou um movimento de retorno à intergovernamentabilidade.[63]

A autora britânica Juliet Lodge (1995, p. 227-34) aponta algumas dificuldades para a implementação da proposta comunitária:

1. a relação interinstitucional entre PE e Conselho de Ministros está carregada de desequilíbrios, somente superáveis por decisão do Conselho Europeu,[64] que determina os rumos do processo de integração;

---

fenômeno de descentralização competencial de divisões políticas menores, como as Comunidades Autônomas (CCAA) da Espanha, da Itália e da Alemanha. Além disso, tais regiões têm perdido a possibilidade real de atuar no âmbito das instituições comunitárias, nas quais somente os governos nacionais têm voz (Mateo & García, 2000, p. 9).

63. A Comissão, em seu informe (24/nov/1993) ao Conselho Europeu, sugeriu a adequação da legislação comunitária existente ao *princípio de subsidiariedade*, definindo as condições para que haja uma revisão de certas competências, a simplificação na adoção de algumas espécies de normas, como no caso das normas técnicas para produtos alimentícios, e a derrogação de algumas diretivas, como no exemplo do uso das águas. Na Conferência de Turim (29/mar/1996) constatou-se o desejo de alguns países, de sobremodo França, Reino Unido e Dinamarca, em reduzir a capacidade de decisão da União com relação a algumas matérias, bem como estender aquele princípio às matérias de competência exclusiva daquela. A aplicação do *princípio da subsidiariedade* visa a limitar as ações dos níveis mais altos das classes políticas e, em contrapartida, garantir as decisões tomadas pelas comunidades de cidadãos, o que contribuiu para minorar os efeitos do *déficit democrático*. (Mateo & García, 2000, p. 15-20).

64. A natureza estritamente intergovernamental do Conselho Europeu foi reforçada na década de 1970. Foi, a partir de 1974, que ele assumiu definitivamente o papel de "motor" da integração e tornou-se uma referência na superação das

2. a amplitude dos procedimentos decisórios comunitários deveria permitir o aumento da respectiva participação e influência parlamentar, principalmente quanto à matéria de política social;
3. a relação entre o Parlamento europeu e os parlamentos nacionais, ou seja, entre grupos de partidos e partidos nacionais, deveria se fortalecer.

Preliminarmente, interessa a análise da relação interinstitucional e a configuração do chamado *déficit democrático horizontal*, que reflete os antagonismos de um Executivo bicameral, envolvendo Conselho e Comissão Européia, e as imperfeições dos mecanismos de supervisão e de controle parlamentar sobre aquele Executivo.

A incoerência e a rivalidade entre aquelas instituições e o PE são provocadas, principalmente, pelas díspares interpretações sobre as regras de procedimento decisório. A ausência de clareza na definição de competências nos textos dos tratados contribuem para inibir a cooperação entre as instituições e reduzir a eficiência nas tomadas de decisão.[65] Se para a Comissão é fundamental manter o controle sobre a

---

disputas entre Estados-membros e entre diferentes setores do Conselho e da Comissão. No entanto, para cumprir com o seu papel de "corte de arbitragem", o Conselho tem necessitado do apoio intergovernamental. Assim, muito do que já foi aprovado, em matéria de ampliação de competência na CE ou de alargamento das comunidades para novos Estados-partes, deve-se às estratégias políticas do Conselho, entre elas, o apoio do *triumviratum* Alemanha, França e Reino Unido, a implementação da Política de Cooperação Européia, e a promoção de acordos bilaterais entre França e Alemanha, com relação ao destino da *cooperação reforçada* (Lodge, 1989a, p. 49-50).

65. O déficit no processo de cooperação entre as instituições européias é majorado pela ocorrência dos *lobbies* feitos junto ao Comitê de Representantes Permanentes (Coreper), composto por representantes dos Estados-membros. O Comitê é o principal protagonista na aprovação das propostas enviadas pela

seleção da matéria a ser legislada, para o Conselho é crucial privatizar as informações sobre suas deliberações.[66]

Como se não bastasse a concorrência *horizontal* entre os poderes institucionalizados da UE, a exclusão dos parlamentos nacionais no processo democrático vem revelando a espécie de déficit *vertical*.[67]

Desejosos em manter as suas respectivas autonomias, nos momentos de tomada de decisão política, os governos nacionais preferem desmotivar o acesso direto dos parlamentos nacionais às instituições comunitárias, porque a relação entre legislação pública e autoridades executivas compreende uma complexa rede de prováveis influências, geralmente instáveis e impermeáveis, que variam de setor para setor, de Estado para Estado, de agência de interesses para agência de inte-

---

Comissão. A via preferida dos mais fortes grupos de interesse europeus (Unice, de empresários europeus, Copa, de agricultores, Eurofer, ferroviários, Cefir, indústrias químicas, Efpia, indústrias farmacêuticas, entre outros) é o *lobby interno*, junto aos seus próprios ministérios nacionais, representados neste Comitê (Morata, 1995, p. 137).

66. Lodge (1995, p. 229) apresenta o caso de D. Martin, europarlamentar, que requereu a publicação sobre uma decisão do Conselho que dizia respeito ao levantamento de sanções da UE sobre a África do Sul. Em resposta, o Conselho aduziu que a publicação, caso se fizesse, seria mera cortesia com aquela instituição.

67. A relação entre parlamentos nacionais e PE restou institucionalizada na Conferência Intergovernamental para a União Política de 1990, introduzindo as Declarações de n. 13 e 14 ao Tratado da União, de resultados bastante irregulares e difusos, principalmente no que se refere às garantias de informação. Não fossem as conferências de órgãos parlamentares nacionais especializados em assuntos comunitários (Cosac), seriam parcos os resultados garantidos nos tratados europeus. Em Protocolo, anexo ao Tratado de Amsterdã, concede-se às Cosac a capacidade de intervenção junto ao PE, à Comissão e ao Conselho em "*qualquer contribuição que julgue conveniente sobre as atividades legislativas da União*", mesmo que essa contribuição reze orientada para as matérias de direitos fundamentais, segurança e justiça, formaliza-se a ulterior participação dos parlamentos nacionais (Pastor, 2000, p. 214) (Sospedra, 2000, p. 92).

resses. Assim, o processo de decisão comunitário pode ser representado pela figura de uma pirâmide hierárquica, em cujo vértice encontram-se as instituições comunitárias, no meio, os governos nacionais, e, na base, as administrações regionais e locais.

Ao priorizar a interação burocrática nacional e supranacional, a política comunitária acaba associando a autoridade legislativa ao monopólio executivo e à aprovação de interesses exclusivamente nacionais. Assim, as batalhas interinstitucionais servem apenas para legitimar interesses puramente estatais canalizados para um sistema que os potencializará. Ao mesmo tempo, Comissão, Corte de Justiça, PE e o voto da maioria do Conselho podem se tornar incomensuráveis "oponentes" e convenientes justificativas para um governo que deseja livrar-se da premente "Europa social".[68]

Dessa forma, o fracasso de mobilização das comunidades européias se dá, principalmente, pela falta de correspondência entre *ser* e *dever ser*. Enquanto restam ao público (*ser*) dúvidas sobre os propósitos e os objetivos da UE e suas instituições e questionamentos a respeito da sua legítima autoridade, *o dever ser* materializado no (T)UE define os parâmetros, poderes, as responsabilidades e obrigações da UE e de suas instituições.

Desse modo, compreende-se por que a instituição parlamentar européia pode ser identificada formalmente como a *consciência* da UE, como a voz do povo europeu, e materialmente dissociada desses resultados populares.

---

68. J. Delors, então presidente da Comissão Européia, em pronunciamento em 1991 esclareceu que: "a realização de um Mercado Único Europeu restringia-se a objetivos e instrumentos econômicos, compreendendo cerca de 80% de toda legislação implantada. Assim, o principal enfoque do (T)UE foi engendrar uma resposta, política e *ad doc*, adequada à necessidade de ampliação do processo europeu, adotando como corolário lógico: a abertura de fronteiras internas" (Lodge, 1989a p. 29-32).

Tratado de Amsterdã e as instituições européias

A Conferência Intergovernamental de Turim (29/mar/1996) seria encerrada pela Reunião do Conselho Europeu de Amsterdã (16/jun/1997), da qual decorreu o respectivo Tratado (2/out/1997). Em que pesem as alterações implementadas, a opinião majoritária é de que ele tenha ficado aquém das expectativas.[69]

Resultava evidente a necessidade de revisão do Tratado de Maastricht,[70] principalmente no que dissesse respeito ao processo de adoção de normas comunitárias e sua relação com a legitimidade das instituições européias. A redução dos procedimentos decisórios, a extensão do *processo de co-decisão* e a sua simplificação, e ainda o acatamento da proposta irlandesa relativamente à participação dos parlamentos nacionais foram as principais modificações do (T)UE.

A revisão preferiu levar a cabo mudanças não-cruciais para o sistema comunitário e manteve as soluções anteriores para os casos de unificação dos três pilares da União e de hierarquia de normas comunitárias. Outras questões como a aplicação do *princípio da subsidiariedade*[71] e da *transparência* ou publicidade dos atos comuni-

69. A revisão desse Tratado, realizada em dezembro de 2000, na Conferência de Nice, menos de um ano após a última ratificação, vem confirmar a opinião da autora (Palma, 1999, p. 140).

70. O art. B do (T)UE previa que a possibilidade de revisão pela Conferência que deve examinar "a medida em que as políticas e formas de cooperação estabelecidas no presente Tratado devem ser revisadas para assegurar a eficácia dos mecanismos e instituições comunitárias".

71. Recebeu guarida institucional no protocolo n. 7 ao Tratado de Amsterdã, sobre o princípio da subsidiariedade e da proporcionalidade na aplicação de seus meios, proposta da presidência irlandesa que reconheceu o conteúdo dos acordos de Edimburgo de 1992 e o interinstitucional entre PE, Comissão e Conselho.

tários[72] permaneceram quase que afastadas dos debates na esfera européia.

Relativamente à proposta de unificação dos três pilares da União Européia, contrariamente ao disposto nos informes do PE e do Conselho da União,[73] permaneceu a estrutura anterior: cada comunidade manteve a sua capacidade jurídica garantida, em que pese o fato de o ente político da União Européia continuar a carecer de proteção equivalente.

O sistema normativo comunitário, fundado na atribuição de competências singulares de cada instituição, sejam elas decisões do Conselho, exclusivamente, seja deste e do PE, conjuntamente, da Comissão ou do Banco Central Europeu, baseia a distinção de suas normas na diversidade de seus destinatários e na intensidade dos efeitos normativos (art. 189 do (T)CEE).

Ao desconhecer a forma institucional da separação dos poderes, guardando a paridade formal entre as instituições comunitárias, o siste-

---

No respectivo protocolo, resta claro o caráter desse princípio, que não atribui competências, mas apenas regulamenta os casos de repartição competencial entre CE e Estados-membros. A Declaração n. 3, de Alemanha, Áustria e Bélgica, propõe a ampliação dessas competências também para províncias ou estados federados (Pastor, 2000, p. 204).

72. Não obstante a ocorrência dos debates em torno da garantia do princípio da transparência, restaram ínfimas as modificações alcançadas. Além da nova redação do art. 207.3 do (T)CE, segundo o qual o Conselho fixará, em seu regulamento interno, as condições de acesso ao público de seus documentos. Ainda recorreu-se ao novo art. 1 do (T)UE, garantindo a adoção das decisões comunitárias de forma "mais aberta possível". A solução adotada é, no entanto, insatisfatória para os interesses da cidadania, pois permite que tal princípio seja aplicado, segundo as condições impostas por cada instituição (Pastor, 2000, p. 206).

73. Informe da Secretaria Geral do Conselho sobre a simplificação dos Tratados, SN 513/95.

ma comunitário acaba dificultando a racional e transparente produção legislativa, provocando inúmeras formas de desequilíbrio organizacionais. Ao impedir uma hierarquia normativa entre lei e regulamento, confunde e compartilha competências parlamentares e executivas, contribuindo para a descaracterização de um sistema legitimamente institucional.

O art. 189-B.8 do (T)CE já expressava a possibilidade de ampliação do *procedimento de co-decisão* para outras matérias.[74] Atualmente esse procedimento abrange quase todas as matérias do *procedimento de cooperação*, à exceção da matéria relativa à implementação da União Econômica e Monetária, e também de algumas cobertas pelo *procedimento de consulta*, como no caso do aumento da capacidade legislativa do PE. No entanto, algumas competências definidas no âmbito legislativo pela Comissão não foram incluídas nessa transferência. Dessas, são exemplos a política comercial comum, a política comunitária sobre asilo e imigração, bem como alguns aspectos da PAC. Também não recebeu guarida a intervenção legislativa do PE em matéria de Fundos Estruturais e de Coesão, na disciplina de um PEU para a sua eleição,[75]

---

74. Das competências existentes: política da não-discriminação (art. 12), da cidadania (art. 18), seguridade social (art. 42), liberdade de estabelecimento e serviços (arts. 46.2 e 47.2), transportes (arts. 71.1 e 80), social (art. 137 e antigo *Protocolo Social*), Fundo Social Europeu (art. 148), formação profissional (art. 150.4), redes transeuropéias (art. 156), aplicação de decisões do Feder (art. 162), meio ambiente (art. 175) e cooperação e desenvolvimento (art. 179); acrescentam-se as competências relativas à política de emprego (art. 129), cooperação aduaneira (art. 135), igualdade de oportunidades e de tratamento (art. 141), saúde pública, no que se refere aos quesitos de segurança alimentar e medidas fitossanitárias (art. 152), princípios gerais para implementar a transparência (art. 255), luta contra a fraude (art. 280), estatísticas (art. 285) e autoridade independente em matéria de proteção de informação (art. 286) (Pastor, 2000, p. 212).

75. Não houve resolução para o problema crônico do procedimento eleitoral europeu, deixando às legislações nacionais a regulamentação de uma norma

em relação à adesão de novos Estados-membros, sem falar na participação, quase nula, no processo de revisão dos tratados.

Restou simplificado o *procedimento de co-decisão*, agora circunstanciado no art. 251 do (T)CE, que permite aprovação, em primeira leitura, quando ambas as autoridades legislativas acordarem. E, em caso de desacordo, o trâmite passa a ocorrer diretamente entre as instituições, eliminando o papel mediador da Comissão. Suprimiu-se a possibilidade de atuação unilateral do Conselho na ausência de acordo na segunda leitura, esclarecendo que o exame pelo comitê de conciliação limita-se às emendas propostas pelo PE. Por último, revogou-se a terceira leitura.

Quanto à definição da máxima participação dos parlamentos nacionais nas tomadas de decisão comunitárias, o Tratado de Amsterdã limitou-se a incorporar o Protocolo nº 13, no qual as instituições européias comprometem-se a repassar um maior número de informações àqueles órgãos.[76]

Foi mantido o rol de competências do segundo pilar (Pesc), enquanto restaram transferidas algumas matérias do terceiro (imigração e asilo) para o primeiro pilar. Ao terceiro pilar foi acrescida a possibilidade de realizar acordos externos no âmbito de sua competência.

---

comum parcial, mas não necessariamente única (art. 190.4 do (T)CE). Quanto ao estatuto dos parlamentares europeus (art. 190.5 do (T)CE), o PE disporá sobre condições gerais de admissão, estatuto e exercício de funções dos deputados, segundo um regime comum, terminando com a atual fragmentação estatutária dos parlamentos europeus (Sospedra, 2000, p. 90).

76. O Protocolo prevê o dever da Comissão em comunicar aos parlamentos nacionais as propostas de legislação. Essa informação restará intermediada pelos governos nacionais, no intuito de, ao final, afastá-los do processo legislativo europeu: "As propostas legislativas da Comissão estarão disponíveis com suficiente antecedência para que o Governo de cada Estado-membro possa levar para que seu Parlamento Nacional a receba de forma adequada" (ibidem, p. 91).

A principal crítica em relação a esse Tratado é que ele consagrou o mecanismo de *cooperação reforçada*, permitindo que alguns Estados-membros avancem no processo de integração mais do que outros. Para Maria Palma (1999), isso significa a "aceitação de uma construção diferenciada na Europa",[77] à guisa de todo o esforço de criação de uma identidade comum.

Para a autora, a extensão das atividades parlamentares outorgada pelo TA ainda deixa muito a desejar. Seria necessário aumentar a pauta de competências nos seguintes aspectos: a) a obtenção de parecer obrigatório do PE em sede de revisão dos tratados; b) abolição da distinção, em matéria orçamentária, de despesas obrigatórias e não-obrigatórias; c) a extensão do voto por maioria qualificada; d) a aplicação da co-decisão à totalidade das matérias.

Mesmo assim, o PE tem exercido algumas atividades de controle democrático, principalmente pelas comissões de inquérito, o que conduziu à criação do Instituto Europeu de Inspeção Veterinária e Fitossanitária, para controle da "doença da vaca louca". Também foi em razão

---

77. A consagração do princípio da *cooperação reforçada* pode ser verificada no acordo firmado em Paris (maio de 2000), véspera da Cúpula da Maguncia: "Da cooperação reforçada. Permitirá a numerosos países prosseguir juntos na integração européia nos temas como moeda, defesa e segurança interna. Aqueles países que não querem formar parte têm o direito de veto, mas França e Alemanha estimam que o veto deve desaparecer incluindo nas questões de política externa." E também nos discursos dos principais líderes políticos, como no caso do discurso do presidente francês Jacques Chirac ante o Parlamento alemão (*Bundestag*) em 28/jun/2000, quando reconhece a necessidade da criação de um "núcleo pioneiro", composto por França e Alemanha, que seja capaz de avançar no processo de integração, em detrimento de Estados que não desejem fazê-lo (Leparmentier 2000) (<http://www.elpais.es/p/d/20000628/internac/chirac.htm>; acessado em 2/6/2000).

das pressões do PE que se instituiu o Organismo Europeu de Luta Antifraude (Olaf) em matéria orçamentária. Este poder vem unir-se ao direito de censurar a Comissão. A aprovação de uma *moção de censura* obrigaria a Comissão a demitir-se. Em março de 1999, conforme documento da Instituição[78] e na seqüência do relatório do Comitê de Sábios, encomendado pelo PE sobre a gestão da Comissão, houve o prelúdio da aprovação desse procedimento. Para evitá-lo, a Comissão preferiu destituir-se.

Quadro 1 ▪ Evolução do processo comunitário

Pactos e tratados	ano/ celebração	ano/ vigor	Características
Convenção Benelux ou Protocolo de Haia (Bélgica, Holanda e Luxemburgo)	1944 1947	1948	União aduaneira, busca criar um "território econômico" com livre circulação de bens, serviços, capitais e pessoas, instaurando uma política econômica, financeira, fiscal e social coordenada, instituindo a Tarifa Externa Comum (TEC) e instaurando uma política comercial e cambial comum. Não havia instituições supranacionais; sua implementação se daria por meio de conferências ministeriais dos três países.

continua >>

78. Fonte: <http://www.europarl.eu.int/>; acessado em 12/12/2000.

Pactos e tratados	ano/ celebração	ano/ vigor	Características
Pacto de Dunquerque (França e Reino Unido)	1947		Ambos os países, apesar de terem vivido realidades distintas durante a Segunda Guerra (a França derrotada e invadida e o Reino Unido cada vez mais unificado e vitorioso), reuniram-se para o alerta da eterna *ameaça* alemã.
Tratado de Bruxelas (Benelux, França e Reino Unido)	1948		Reafirmou a *ameaç*a alemã, objeto de crítica de Gaspieri e Sforza, que pregavam a reinserção daquele país como igual no cenário europeu.
Plano Schuman (Alemanha, Benelux, França, Itália e Reino Unido)	1950		Apresentado por Schuman, elaborado por Monnet, considerado o pai fundador das comunidades, dotado de uma concepção idealista, busca a "Europa unida" (federação) por meio da criação de uma Alta Autoridade com competência supranacional. Este plano visava a criar um mecanismo comum (entre França e Alemanha) para a fruição de recursos minerais do vale do Ruhr.
Plano Pleven (Tratado de criação da CED)	1950 1952		A guerra da Coréia e o perigo da expansão do comunismo justificam a mobilização de um exército unificado europeu e a criação da CED para colaborar com a ação norte-americana.

continua >>

Pactos e tratados	ano/ celebração	ano/ vigor	Características
Tratado de Paris (Alemanha, Benelux, França, Itália) e a chamada Comunidade dos Seis (o Reino Unido declinou do convite; entre as razões apontadas estavam a sua liderança na Associação Européia de Livre Comércio – Efta/ 1959)	1951	1952	Comunidade Européia do Carvão e do Aço (Ceca), apesar de setorialmente limitada, foi a comunidade com objetivos políticos mais ambiciosos, tornou realidade o Plano Schuman. São seus objetivos: expansão econômica e melhoria do nível de vida dos Estados-membros (EM), estabelecendo um Mercado comum; de cunho imediato: eliminar as restrições internas do comércio do carvão e do aço etc. Criaram-se instituições com poderes supranacionais: Conselho de Ministros, Alta Autoridade (antecessora da Comissão), Assembléia Parlamentar e Tribunal de Justiça.
Acordos de Paris e da União da Europa Ocidental (UEO) Alemanha, Benelux, França, Itália, Reino Unido	1954		Com o fracasso da CED (não ratificado pelo Parlamento Francês), resta implementada a UEO, que controla o nível de armamento convencional e nuclear dos EM e elabora um projeto de unificação das políticas militares.

continua >>

Pactos e tratados	ano/ celebração	ano/ vigor	Características
Relatório Spaak (Alemanha, Benelux, França, Itália)	1955		Refere-se ao comitê setorial para desenvolvimento de uma política comum de energia atômica, mobilizado por Holanda e Alemanha.
Tratados de Roma	1957	1958	Comunidade Européia da Energia Atômica (Ceea) ou Euratom, Comunidade Econômica Européia (CEE). Os objetivos da Ceea eram fornecer as condições necessárias para a formação e crescimento das indústrias nucleares, desenvolver a investigação do conhecimento, garantir a utilização pacífica dos materiais nucleares, criar um mercado comum de livre circulação dos trabalhadores, materiais e equipamentos e capitais nucleares etc. A CEE tinha como objetivos promover um desenvolvimento harmonioso das atividades econômicas da Comunidade e manter a expansão contínua e equilibrada, com base nas quatro liberdades: livre circulação de mercadorias e proteção frente aos mercados exteriores, pela TEC, circulação de pessoas, de serviços e de capitais. Criar uma verdadeira União Econômica e Monetária, incluindo Políticas Comuns, como

continua >>

Pactos e tratados	ano/ celebração	ano/ vigor	Características
			a Agrícola (PAC), de transportes, comércio e complementação com políticas social, de meio ambiente, industrial, fiscal, energética etc. Também foram criadas as bases para os fundos estruturais como: FSE, Feoga, Feder, também conta com o BEI – Banco Europeu de Investimento. Busca a abertura da comunidade com o resto do mundo, incluindo acordos com as ex-colônias africanas. A Ceea e CEE possuem sistemas institucionais independentes e Comissão e Conselho de Ministro, e em comum o Parlamento e o Tribunal de Justiça. O art. 237 do TR abre a possibilidade da adesão de outros EM, pedido que depende da aprovação unânime do Conselho.
Acordos de Luxemburgo	1966		Resposta à crise interna desencadeada pela França gaulista, que desejava a manutenção da unanimidade em questões de *interesse nacional*; essa votação no Conselho implicou uma revisão informal do Tratado.

continua >>

Pactos e tratados	ano/ celebração	ano/ vigor	Características
Tratado de Fusão dos Executivos ou Tratado de Bruxelas	1965	1967	É realizada a união das instituições comunitárias, mantendo suas personalidades diferenciadas, bem como seus tratados constitutivos. Início da Conferência de Haia, 1969, entre chefes de Estado e de Governo. **Relatório Werner** (bases do SME e da serpente financeira, que resta acordada em 1972) e **Relatório Davignon** (bases de uma Política Exterior – CPE), posta em prática pelas reuniões periódicas do Conselho Europeu. Essa política refletia a concepção francesa sobre o predomínio das instâncias intergovernamentais junto às comunidades.
União Aduaneira	1968		Realizada a União Aduaneira entre os países da CEE.
Primeira adesão	1972	1973	Comunidade dos nove membros: Dinamarca, Irlanda e Reino Unido
Conselho Europeu	1974		Criação do Conselho Europeu pelos Chefes de Estado e de Governo europeus a fim de fixar as grandes orientações da política européia.
Fundo Estrutural de Desenvolvimento Regional	1975		Implementação do Fundo Estrutural de Desenvolvimento Regional (Feder), cujas bases e diretrizes haviam sido propostas pelos Tratados de Roma.

continua >>

Pactos e tratados	ano/ celebração	ano/ vigor	Características
Conferência de Florença, Bruxelas e Paris	Respectivamente 1977 1978 1979	1979	A Uem tem como pressupostos: maior racionalização à indústria e comércio, divisa internacional, estabilidade de preços e luta contra o desemprego. Sistema Monetário Europeu e a utilização do ECU (European Currency Unit), antecedente do Euro; adoção definitiva e implementação do Sistema Monetário Europeu (SME).
Segunda Adesão	1979	1980	Comunidade dos Dez: Grécia.
Projeto Spinelli	1984		Projeto de Tratado da União previa modificações importantes, como a criação da cidadania européia.
Terceira Adesão	1985	1986	Comunidade dos Doze: Espanha e Portugal
Tratado do Ato Único Europeu	1986	1987	Esse texto único afetou os tratados fundadores das comunidades, introduziu políticas de cooperação social, alterou as competências das instituições comunitárias, acrescentou a instituição do Conselho Europeu como categoria de direito internacional, concedeu maiores poderes ao Parlamento, ampliou a competência da Corte de Justiça, voltou a adotar o uso do voto por

continua >>

Pactos e tratados	ano/ celebração	ano/ vigor	Características
			maioria. Reforçou políticas comunitárias, limitando para dezembro de 1992 o prazo para a completa eliminação de fronteiras. Ainda reafirmou uma política de apoio às regiões mais atrasadas, privilegiou a cooperação monetária, a dimensão social e a proteção ao meio ambiente (desastre de Chernobyl em 26.4.86), matérias até então à mercê de acordos intergovernamentais.
Tratado sobre o Espaço Econômico Europeu (EEE)	1992		Negociação entre a Efta ou Aelc (Associação Européia de Livre Comércio) e as Comunidades. De um lado, tem-se a salvaguarda da autonomia decisória (decisão conjunta) e a proposta da não-recepção das regras comunitárias; de outro, a decisão da Corte de Justiça que não permitiu limitar os poderes das comunidades em razão de um acordo internacional, proteção do marco institucional comunitário. A solução foi a manutenção da proposta de adesão gradativa.

continua >>

Pactos e tratados	ano/ celebração	ano/ vigor	Características
Conferência de Madri, e de Luxemburgo	Respectivamente 1989 1991		Dispôs sobre a primeira etapa da união econômica monetária, frisando a necessidade de uma nova revisão institucional (instituições financeiras próprias) que induzia a abordagem da política de cooperação exterior e segurança comum. A queda do muro de Berlim, trazendo a unificação alemã e a desintegração soviética, também tornava inevitável uma revisão. A Conferência de Luxemburgo aceitou o projeto de reformas que vinha sendo desenvolvida por uma conferência específica, desde dezembro de 1990. Essa proposta foi a base de negociação para o Tratado.
Tratado de Maastricht ou Tratado da União Européia	1992	1993	Definiu os pilares europeus: o primeiro, o das comunidades, que passou a ser chamado de União Européia, conservou as personalidades jurídicas distintas de cada comunidade (por esse Tratado a CEE passou oficialmente a se chamar CE). Consagrou o caráter supranacional de integração e cooperação. São seus objetivos: reafirmar os (T)Ceea e (T)CE e o AUE somando o de coesão econômica e social, e de União

continua >>

Pactos e tratados	ano/ celebração	ano/ vigor	Características
			Econômica e Monetária (moeda única) (UEM). O segundo pilar, a Política Exterior e de Segurança Comum (Pesc), tem caráter de cooperação intergovernamental. Objetivos: identidade da UE junto ao cenário internacional – defesa comum. A conseqüência política é a articulação conjunta, unidade externa, traduzindo-se como poder hegemônico. No terceiro pilar, a cooperação ocorre nos âmbitos da justiça e assuntos de interior, com o mesmo caráter da Pesc; busca a criação da cidadania européia, protegendo o interesse de seus nacionais, complementar a dos EMs. Inclui a cooperação na área de política de asilo, controle de imigração etc. Esse Tratado ocasionou uma série de revisões constitucionais nos EMs. É acompanhado por outros 17 protocolos.
Quarta Adesão	1994	1995	Comunidade dos Quinze: Áustria, Finlândia e Suécia (pela segunda vez um *referendum* na Noruega impede a adesão).

continua >>

Pactos e tratados	ano/ celebração	ano/ vigor	Características
Conferência de Bruxelas, Corfu, Cannes, Madri e Turim	Respectivamente, 1993, 1994, 1995, 1995, 1996		Apesar de institucionalmente prevista a revisão de Maastricht, as conferências anteciparam as discussões em relação a uma nova reforma institucional e a uma quinta adesão (dos países do Leste Europeu), conduzindo ao Tratado de Amsterdã.
Tratado de Amsterdã	1997	1999	Seus resultados não foram tão ambiciosos quanto seus objetivos: reforma institucional, transferindo algumas competências do terceiro pilar para o primeiro, passando o terceiro a se chamar Cooperação Policial e Judiciária Penal (CPJP), as matérias-alvo foram imigração e asilo. No âmbito da Pesc, a UE passa a celebrar tratados (via Conselho). Revisando o Tratado de Maastricht, quanto ao Tratado da CE, possibilita que a Comunidade estabeleça normas para a proteção do direito do consumidor, saúde pública, meio ambiente e emprego. O Parlamento Europeu tem sua atuação reforçada no processo decisório (co-decisão com o Conselho), votação por maioria qualificada, e a unanimidade continuou sendo a regra quanto a questões institucionais, e, por último, a ênfase ao cumprimento dos Direitos Humanos como condição essencial à adesão.

continua >>

Pactos e tratados	ano/ celebração	ano/ vigor	Características
Quinta Adesão ("agenda 2000") **Conferência de Luxemburgo**	1997 1997		Preliminarmente a Comissão havia referendado os pedidos para Chipre, Eslovênia, Estônia, Hungria, Polônia, República Checa. Em posterior conferência, o Conselho acolhe os pedidos de todos os países, incluindo Turquia, Romênia, Letônia, Eslováquia, Lituânia, Bulgária e Malta. As negociações de adesão iniciariam em 31/mar/1998, por meio de conferências bilaterais (2000-2006).
Reunião de cúpula em Berlim	1999		Proposta de modificação na formação dos Executivos da UE, inclusive com a indicação de um novo presidente para a Comissão, em razão da demissão coletiva do órgão.
Moeda única	1999		Introdução do sistema de moeda única, por meio de um sistema de paridade fixa pelos onze países que fomentam a área do Euro (a Grécia ingressa na zona do euro em 1/jan/2001).

continua >>

Pactos e tratados	ano/ celebração	ano/ vigor	Características
Conferência Bilateral da Maguncia (franco-alemã)	2000		A pauta da conferência bilateral inclui: proposta de uma reforma institucional quanto às decisões no conselho europeu, incluindo os casos em que se vota por maioria qualificada, consagração do princípio da "cooperação reforçada", proposta para a forma de nomeação de comissários e de número de deputados, ante às novas adesões.
Carta Européia dos Direitos Fundamentais	2000		É proclamada a Carta Européia dos Direitos Fundamentais, restando a não-obrigatoriedade de cumprimento pelos países-membros da União.
Cúpula de Nice	2001		Convocação de uma nova conferência para 2004 destinada a solucionar questões institucionais e políticas pendentes.
Conferência de Bruxelas – Laeken	2001		Foi criada uma Convenção que trouxe propostas de reformas institucionais com vistas ao alargamento europeu.
Circulação do Euro	2002		

Fonte: Quadro formulado a partir de: Nouschi, (1996); Oliveira (1999); *Le Monde* (2002).

Quadro 2 ▪ Competências assumidas pelas instituições comunitárias nos distintos tratados da União

Tratados	Competências assumidas pela União
TCECA (1951)	1. Política energética. Âmbito do carvão e do aço.
TCEEA (Comunidade Européia de Energia Atômica ou Euratom) (1957)	2. Política energética. Âmbito da energia nuclear.
TCEEA (1957)	3. Criação de uma união aduaneira. 4. Formação de um Mercado Comum. 5. Política Comercial Comum. 6. Política Agrícola Comum e Política de Pesca. 7. Política de transportes. 8. Política social. 9. Política de concorrência.
Ata Única Européia (1986)	8. Política social (segurança e higiene no trabalho). 10. Política regional (alusão expressa). 11. Política de pesquisa e desenvolvimento. 12. Política de meio ambiente.
Não recebeu cessão de competência	13. Cooperação política européia.
TUE ou Tratado de Maastricht (1992)	8. Política social. 9. Política da concorrência. 10. Política regional. 14. Política Monetária Comum (UEM). 15. Criação de redes transeuropéias (aplicáveis aos transportes, energia e comunicações).

continua >>

Tratados	Competências assumidas pela União
TUE ou Tratado de Maastricht (1992)	11. Política de pesquisa e desenvolvimento. 12. Política de meio ambiente. 16. Política de vistos. 17. Cultura. 18. Saúde pública. 19. Proteção aos consumidores. 20. Política educativa. 21. Política de cooperação e desenvolvimento. 22. Política industrial. 23. Reconhecimento da cidadania da União.
Não recebeu cessão de competências	24. Política Exterior e de Segurança Comuns. 25. Política de Interior e de Justiça.
Tratado de Amsterdã (1997)	23. Direitos dos cidadãos .
Alguma transferência de competência	24. Política Exterior e de Segurança Comum. 25. Política de Interior e de Justiça.
Não recebeu cessão de competência	26. Política de emprego.

Fonte: Quadro demonstrativo elaborado a partir de: Mateo & García (2000, p. 14).

Quadro 3 ▪ Centralização de competências da União Européia

Competências centralizadas
1. Políticas comuns Política Agrícola Comum Política Marítima e de Pesca Comum Política Comercial Comum Política de Concorrência Política Monetária Comum (a partir da 3ª Fase da UEM) 2. Inexistência de políticas comuns (*) Política de transportes da União Política energética da União Política social da União Política de meio ambiente Políticas de educação, cultura, formação profissional e juventude Política industrial da União Política de pesquisa e desenvolvimento Política de desenvolvimento regional Política exterior e de defesa Política interior e de justiça Política de emprego da União

(*) A ausência de uma política comum para todos os Estados-membros não impede alguma aproximação em determinados aspectos concretos.
Fonte: Mateo & García (2000, p. 15).

CAPÍTULO 3

Déficit democrático no processo de cooperação e integração europeu

Introdução

Depois de identificar a figura jurídico-política do Mercado Comum Europeu (ver o item "Efeitos jurídicos de um mercado comum", no Capítulo 2), convém determinar o conceito do seu grau mais elevado de evolução: a União Européia. Para o contexto deste estudo, define-se União Européia como "consórcio confederativo" (Chryssochoou, 2000, p. 3), no qual as partes constituintes delegam um fim comum, sem, no entanto, desprover-se de sua soberania em prol de uma autoridade supranacional.[1]

---

1. A União Européia desdobra-se numa *relação simbiótica* entre instituições supranacionais e Estados-membros, que pode ser traduzida como *mútua dependência*. Em decorrência, nenhuma decisão pode ser tomada, nem qualquer ação comum deflagrada sem que essas duas partes estejam de acordo, sopesadas as idéias de supranacionalidade compartilhada e de equilíbrio de custos e benefícios para o conjunto das partes. Longe de significar uma ordem hierárquica superior, a União Européia impõe-se como uma dinâmica entre governos (Chryssochoou, 2000, p. 10).

Como já exposto, o pós-guerra acabou trazendo para os Estados-nação a alternativa da transcendência das fronteiras políticas por meio de um *pooling* de soberanias. Longe de renunciar às suas respectivas soberanias para um incontrolável Leviatã europeu, os Estados-membros preferiram se organizar em um sistema de governo que pudesse sustentar coletivamente o seu poder, potencializando-o nas variadas combinações de auto-regulamentação e divisão administrativa. Essa interpretação "diferenciada" e "pragmática" do princípio soberano, como um sistema de manejo "coletivo" do poder, visa, de fato, à conservação daquele atributo.[2] Essa análise, que revela algum dos tantos paradoxos desse processo "integracionista", encontra-se igualmente respaldada pela incapacidade de "transformar partes democráticas em um todo reciprocamente democrático". Nessa esteira, cumpre ingressar na complexa e controvertida questão do déficit democrático na União Européia.

Ou seja, a pequena participação do público europeu vem a ser um dos maiores obstáculos para a evolução do projeto comunitário. É certo que tanto a retórica discursiva dos preâmbulos como as inúmeras lacunas dispostas no decorrer dos tratados pouco convencem e, menos ainda, convergem para a efetividade de um objetivo democrático. Sobretudo, tais recursos denunciam as orientações político-econômicas de grupos de interesses nacionais e transnacionais voltados quase que exclusivamente para o exame de sua solidez econômica,

---

2. "No futuro, as nações serão os principais pontos de referência de nossos povos. A divisão entre os que defendem a soberania nacional e os que querem liquidá-la constitui uma deformação da verdade. Nem os alemães, nem os franceses querem um super Estado Europeu, que substitua os nossos Estados nacionais e que marque seu fim como ator da vida internacional" (Discurso de Jacques Chirac, presidente da França, em Berlim 27/6/2000); Fonte: <http://www.elpais.s/p/d/20000628/internac/chirac.htm>; acessado em 28/6/2000.

concentrados em respostas meramente paliativas para quaisquer outros enfoques que não aqueles relacionados.

Mesmo não havendo uniformidade quanto à direção do futuro da União, resta irretorquível a constatação de suas carências. A necessária abertura e transparência do processo legislativo para um efetivo controle parlamentar sobre o executivo e a ampliação do envolvimento do cidadão na cena política são algumas das possíveis soluções democráticas transnacionais.

O alcance da definição: processo de participação e a crise político-institucional

A noção de déficit democrático é geralmente circunscrita à inadequada e desarmoniosa composição da estrutura institucional da União Européia, restringindo-se normalmente ao chamado *déficit parlamentar* (ver o item "Introdução à questão do déficit democrático", no Capítulo 2). Um olhar mais acurado verificaria, no entanto, que, além da supressão dessas necessidades *formais*, facilmente repostas por uma reforma constitucional, outra categoria de elementos, dessa vez de natureza *material*, deveria tornar-se prioritária.

Assim, importa trazer ao projeto europeu um trabalho sociopsicológico junto aos nacionais de cada país, cultivando um "sentimento de pertença à comunidade política européia", em cuja *identidade transnacional* venham respaldar a sua ação direta junto aos órgãos e instituições do sistema comunitário.

Percebe-se, no entanto, que a maior parte das decisões que afetam a vida do cidadão comum está sendo tomada em fóruns cada vez mais distantes. A indefinição do papel do cidadão no cenário europeu e a imprecisão sobre o que seja a chamada *ever closer union* (Chryssochoou, 2000, p. 11) acabam ensejando uma lacuna entre institucionalização comunitária e inquietação popular. Nesse contexto, surgem inúmeras interrogações, que o sistema insiste em deixar sem resposta: qual seria o grau de participação do público europeu na efetivação desse processo? Quais os valores, princípios e idéias canalizados para e por essa nova entidade institucional? Interessa garantir a participação do cidadão na decisão das políticas comuns européias?

Sem dúvida, a integração européia se parece menos com um processo firme e promissor e mais com uma eloqüente consagração das elites governamentais nacionais, amparada pelo consenso permissivo e utilitarista da opinião pública européia. Este modelo denominado "consenso entre elites governamentais", ou coalizão cooperativa de elites, passou a controlar os destinos dos cidadãos e a comandar coercitivamente, pelas leis de ferro das oligarquias, as estruturas de poder hierárquico.

De fato, esse "consenso" não deverá se estender além das competências acordadas, porque a própria intenção dos governos nacionais é proteger seu corporativismo administrativo, conservando-lhe o poder de influenciar na definição da *agenda* européia.

A consolidação desse *processo centralizador* das forças políticas nacionais em favor das elites executivas e, inevitavelmente, em torno da tradição Estado-nação é facilitada, no âmbito da União Européia, por duas espécies de fatores: pela interação desordenada entre atores nacionais e europeus, desconexão que, até este momento, tem reduzido a sua capacidade de mobilização nesse sistema; e pela desintegração política do cidadão comum, que o apatiza e aliena.

Nesse sentido, os próprios tratados comunitários favorecem e institucionalizam a evasão de competências legislativas, colaborando largamente para que as burocracias nacionais e européias, por meio de suas bancadas executivas, controlem o processo de decisão na União Européia.

Apesar de os tratados fundadores terem procurado estabelecer algum tipo de controle parlamentar sobre as instituições supranacionais, tanto a Assembléia Comum da Ceca, quanto o Parlamento Europeu da CEE possuíam e continuam a possuir competências predominantemente consultivas. Assim, os executivos nacionais preferiram adotar um modelo institucional que lhes fosse mais conveniente para a realização de seus negócios comerciais em grau transnacional. Em outras palavras, a força diretiva da integração não foi outra que a expansão de interesses territoriais econômicos convertida em *interesse comum* (*extraterritoriais*). A solução governamental para o projeto, uma híbrida estrutura institucional, veio dar cabo ao "princípio da separação dos poderes" que em muitos países tem sido a chave do controle democrático. Essa confusa lógica de natureza *sui generis* dificulta qualquer tipo de julgamento com base nas instituições tradicionais do Estado democrático de direito.

Dessa feita, embora a legitimidade do modelo de *representação democrática*[3] repouse, conceitualmente, num "processo público de interação" e, pragmaticamente, no controle democrático, direto ou indireto, sobre aqueles que realizam a atividade político-legislativa, é possível observar que as principais decisões normativas comunitárias são tomadas no conjunto das câmaras ministeriais,[4] preferindo o de-

---

3. Segundo Dahl (apud Chryssochoou, 2000, p. 17), somente quando a União Européia fortalecer a representatividade interna de suas instituições, seguindo o exemplo de poliarquia estatal, encontrará a democracia e realizará um bom governo.

4. No Conselho da UE estão representados os governos de cada Estado-membro. Essa representação pode ser feita diretamente pelos ministros ou secretários de Estado, ou pelos responsáveis das "pastas" em debate. Esses representantes têm poder para vincular os seus respectivos governos. Assim, consoante com o assunto em discussão, fala-se em Ecofin, entre ministros da Economia e Finanças, Conselho dos "Transportes", Conselho da "Agricultura", que excepcionalmente

clínio da responsabilização parlamentar ante a competência executiva. Nesse sentido, amplia-se a clivagem política entre as elites governamentais e o povo europeu.

O alcance da definição: a correlação entre democracia e déficit democrático

Como definir déficit democrático na União Européia? Seria ele inteiramente equacionado dentro da perspectiva institucional do Parlamento Europeu e da ampliação de sua competência no processo legislativo comunitário? Estaria vinculado à restrita participação cidadã junto às instituições comunitárias? Ou, finalmente, estaria associado ao ideal de supressão das práticas de barganha intergovernamentais?

Cumpre ressaltar a função democrática e a sua importância como um mecanismo associativo e de representação, a despeito dos argumentos despendidos em favor da sua imperfectibilidade e inatingibilidade intrínsecas.[5]

---

conta com um comitê permanente de preparação para seus debates etc. No âmbito da CE e da Ceea, o Conselho é o órgão legislativo (art. 202 do (T)CE), enquanto para a Ceca, é órgão consultivo para as decisões mais importantes. Os seus poderes foram ampliados com a realização da União Econômica e Monetária. Foram reforçados os poderes para impor a execução das grandes orientações de política econômica, pela formulação das "recomendações" a um Estado-membro, cuja política não siga essas orientações. O Comitê dos Representantes Permanentes dos Governos (Coreper), atualmente dividido em duas estruturas, leva a cabo a tarefa de encontrar um consenso sobre as questões agendadas; para efetivar essa tarefa, utiliza o trabalho de um dos cem grupos especializados (*O ABC do Direito Comunitário*, 2000, p. 38-41).

5. Longe da sede dos encontros de cúpula dos Chefes de Estado e de Governo europeus, dezenas de milhares de pessoas, de sindicatos a membros de partidos e associações manifestam-se contra a Europa liberal. Essas manifestações

A democracia introduz uma relação de mútua dependência entre aquele que detém a autoridade política – o representante ou *decision-maker* – e aquele que a deposita – o representado ou *decision-receiver*. Assim, consagrou-se como um dos princípios preponderantes na organização política da sociedade civil.

Raramente, no entanto, é feita a analogia entre essa dialética democrática e a patologia do *déficit democrático* da União Européia. Somente na contemporaneidade, alguns estudos passaram a refletir a necessidade de se estabelecer a relação entre política doméstica e o domínio transnacional, o que acabou ensejando uma redefinição de alguns termos correntes no léxico político europeu, como *sociedade (Gesellschaft) européia* e *comunidade (Gemeinschaft) politicamente organizada*, seguindo-se uma ordem de abrangência democrática: cidade/Estado-nação/União Européia.

Sob esse prisma, *déficit democrático* seria mais que um *déficit estrutural*. Revelado na assimétrica alocação do poder entre as principais instituições comunitárias e na perda da autonomia democrática pelos legislativos nacionais, ele decorreria da ausência de um senso de comunidade entre os seus Estados-partes.

Assim, para uma União que deseja se qualificar como um sistema político democrático, torna-se imprescindível a conquista de um poder efetivamente legislativo para o Parlamento Europeu, resguardando-se a participação dos Parlamentos Nacionais nos procedimentos decisórios. Para isso, torna-se indispensável uma reforma institucional oriunda da vontade popular mais soberana.

---

ocorreram em Nice (7-8/dez/2001), em Gotemburgo (15-16/jun/2001) e em Bruxelas (13-14/dez/2001) e refletem a realidade européia em torno da ausência da participação popular. São evidências do chamado *déficit democrático vertical* (*Le Monde*, 2002, p. 15).

Essa reorientação política pressupõe a existência de uma *esfera pública transnacional – ou um espaço público constituído politicamente –*, capaz de congregar as diversidades européias a partir da prática do princípio democrático. A efetivação desse *princípio* depende, fundamentalmente, de uma "consciência pública" além das fronteiras territoriais e ideológicas, de um "estado de espírito" que eleja essa União como sua prioridade, perseguindo e concretizando pretensões em larga escala, diretamente reivindicadas junto àquelas instituições.

A fragmentada diversidade européia de ritos e mecanismos democráticos somente será superada por uma base popular que reflita uma filosofia coletiva de governo no interior dos trabalhos da própria União. Refutar a retórica da dicotomia entre teoria e prática democráticas, deslocando o enfoque puramente institucional para o especialmente político, desvelando as relações de poder e contrapoder que lhe são típicas, implica alargar a "visão ortodoxa"[6] daquele conceito.

Segundo Chryssochoou, a chamada "visão ortodoxa" associa a causa do *déficit democrático* ao resultado da desmedida transferência de competências dos Parlamentos Nacionais para a Comissão Européia, que propõe os projetos legislativos, e para o Conselho, que transforma aqueles projetos em legislação obrigatória, em detrimento à delegação de poderes para o Parlamento Europeu, a única instituição com alguma legitimidade política. Assim, conforme Lodge, nem mesmo o PE, "consciência política e democrática" da União, nem os Parlamentos Nacionais, que corporificam a soberania nacional, são capazes de aplicar sanções a impropriedades cometidas pelo Conselho. Ao fim e ao cabo: " [...] o que realmente temos, são decisões tomadas pelos Executivos".

---

6. Cf. Chryssochoou, 2000, p. 31-33; "Introdução ao Déficit Democrático", Capítulo 2, p. 97-101; ver item supra.

Nesse sentido, mesmo que tenha resolvido ampliar os poderes parlamentares, a União Européia consagra a participação de apenas uma parte da sociedade civil, representada pelos *lobbies* empresariais nacionais, que, reproduzindo seus interesses em caráter comunitário, personifica as intenções políticas. Assim, líderes da oposição e políticos vinculados a partidos de segundo escalão permanecem sem papel definido junto às instituições européias.

Dessa forma, embora a maioria das decisões comunitárias afete a vida dos cidadãos europeus, elas não são tomadas no âmbito das instituições que as representam; isso implica uma severa violação ao princípio democrático.

Essa perspectiva ainda inclui a crítica veemente ao diminuto grau de publicidade e de transparência do processo legislativo promovido por aqueles órgãos, pelo Conselho e pela Comissão, e à conveniente manutenção desse "estado de coisas" pelos seus próprios representantes, que desejam escapar ao controle e à influência de seus respectivos Parlamentos Nacionais. Em um e em outro sentidos, encontram-se o relatório da Conferência Intergovernamental sobre Direitos Humanos (Human Rights, 1996, p. 5), que constatou a ausência de brevidade na divulgação de informações e a parca disponibilidade de documentação aos Parlamentos Nacionais, para que melhor pudessem influir no processo de decisão comunitário, e os estudos realizados pelo Comitê Político-institucional do PE (publicados em 1988) (apud Chryssochoou, 1997, p. 33), que apontam o *processo de desparlamentarização* dos sistemas nacionais como uma das causas do *déficit democrático*, já que desincentiva a oposição dos parlamentares às reformas no processo legislativo europeu.

Estudos mais recentes passaram a vincular a origem do *déficit democrático* à limitada utilização do mecanismo da democracia direta e à marginalidade dos Parlamentos Nacionais no âmbito da União Européia, compondo o chamado *vácuo parlamentar*. Assim, o *déficit de-*

mocrático pode ser atribuído ao descompasso entre responsabilidade política dos poderes da União e controle direto por seus cidadãos.[7] Essa definição ampliaria o campo de debate,[8] incorporando ao modelo institucional comunitário o critério da *participação direta*, em operatividade nos sistemas democráticos representativos. Mais uma vez, resta socorrer-se da estrutura institucional do Estado e da materialidade de suas práticas, mesmo que ausente o debate sobre a sua própria *origem*.

---

7. Toda vez que não for possível articular o desejo do eleitorado europeu ao sistema de eleições diretas e ao sistema de nomeações vigentes na União, justifica-se o uso de outros instrumentos democráticos, a fim de garantir a esse eleitorado a liberdade de escolha em relação às obrigações impostas pelos Estados-membros. Se a União não é capaz de potencializar um sistema de representação parlamentar, a alternativa natural é a eleição direta, por sufrágio universal, para a formação da Comissão e do Conselho, além do uso do instituto do *referendum* para decidir questões cotidianas. Somente provendo a participação do público em geral nos assuntos europeus, reconhecer-se-á a soberania popular (Bogdanor, apud Chryssochoou, 2000, p. 34). O *memorandum* do Grupo Bow (publicado em 1991) trazia como solução ao *déficit* a aproximação dos Parlamentos Nacionais ao sistema de tomada de decisões comunitário, propondo a criação de um Conselho de Parlamentos Nacionais para o qual o Conselho prestaria contas, e o estabelecimento de uma série de competências conjuntas entre Parlamentos Nacionais e PE. Enfim, não se poderia democratizar a União sem reconhecer uma lógica institucional de participação dos Parlamentos Nacionais no processo legislativo europeu, afastando quaisquer transferências adicionais de poderes para aquelas instituições (Teasdale & Huxham, 1991). Associada à proposta da criação do conselho de Parlamentos Nacionais, encontra-se a alternativa da transformação do Conselho em Senado Europeu (*Chamber of States*), cujos membros seriam responsabilizados individualmente perante seus Parlamentos Nacionais (Welsh, 1996, p. 43-61)

8. O *déficit democrático*, como maioria excluída para governar e decidir sobre assuntos públicos, pode ser reconhecido como um dos *déficits* – déficit de alternativas eleitorais, déficit de representatividade e déficit de legitimidade – da democracia (Aubert, 2000, p. 122).

Por que a democracia importa?

No contexto do processo de integração das comunidades européias, algumas questões parecem ser centrais: O que é a democracia? E por que a União Européia se propõe a uma alternativa de menor escala democrática?

Apesar de receber definições distintas,[9] o imperativo democrático é freqüentemente considerado como auto-evidente e autojustificável, o que é claramente uma pretensão. Assim, o valor democrático envolve, de fato, uma justaposição de muitos valores, promovidos e incorporados a partir de um "consenso" decisório, recebendo fluidez no contexto da dinâmica institucional.

Atualmente, a moderna teoria democrática promove-se por uma virtude principal: o *pluralismo*, que congrega uma balanceada combinação de valores tradicionais, como a liberdade, a eqüidade, a independência e a imparcialidade.

Apesar da pretensão de autores como Habermas e Rawls, o *pluralismo* valorativo vem sendo esvaziado por suas próprias imprevisões.

9. Foram utilizadas as seguintes definições de democracia: a) forma de governo caracterizada pela designação de um conjunto de práticas, direitos e instituições que irão pautar a política externa de um Estado; b) a democracia se refere a valores fundamentais, notadamente à liberdade e à equidade, que devem servir de referencial às instituições; c) a democracia também pode ser associada ao processo de tomada de decisão, freqüentemente identificado com a regra da maioria, em que diferentes grupos de interesse alcançam seus objetivos (Bellamy & Castiglione, 2000, p. 70). María Aubert sintetiza aqueles argumentos no seu conceito de democracia. Para a autora, democracia é a experiência – e a proposta – de uma vida coletiva mais justa, igualitária e participativa, que prioriza o interesse geral acima do interesse dos particulares. Evoca direitos e responsabilidades individuais e coletivas de forma compartida. É uma filosofia de vida e uma forma de entender o ser humano (Aubert, 2000, p. 7).

Este é o caso da liberdade individual, que de escolha livre e cidadã transformou-se num procedimento coletivo, e inevitavelmente limitado, de decisão. Mecanismos como igualdade, liberdade de direitos e autodeterminação sustentam a natureza de um governo de regime democrático e estabelecem a presunção de sua legitimidade formal. Por outro lado, para que essa complexidade de valores seja inteiramente legitimada, faz-se necessária alguma forma de *consenso*. A capacidade dos membros da comunidade de realizarem escolhas livres e responsáveis, ou simplesmente autônomas, qualifica, substantivamente, a formação desse *consenso*.

A formação dessa dinâmica consensual não significa, no entanto, que exista democracia, e menos ainda faz subsistir o efeito de justiça social, o que se deve, em certa perspectiva, ao caráter estritamente instrumental (Bellamy & Castiglione, 2000, p. 70 e ss.) que a relação entre democracia e seus valores fundamentais passou a desempenhar.

Da mesma forma que os princípios democráticos são considerados "intrinsecamente bons", as virtudes do governo democrático são freqüentemente associadas à auto-evidência. Porém, tais convicções não conseguem resistir a uma análise de lógica operacional: em que medida "princípios democráticos" e "governos democráticos" promovem benefícios a seus destinatários? A fim de materializar e estender essa análise ao contexto europeu, catalogam-se alguns dos possíveis benefícios democráticos.

O primeiro grupo de benefícios está relacionado aos efeitos de uma estrutura democrática de governo. Essa estrutura deve garantir a fluência de duas espécies de informação: a primeira, controlada pelo próprio executivo e submetida ao princípio da legalidade; a segunda, intermediada pelos legisladores que arrebatam visões e necessidades dos cidadãos. Esse processo facilita a governança, já que desenvolve um sistema de retroalimentação (*feedback*) para as informações recebidas, buscando uma solução coletiva para as demandas.

O segundo grupo concerne à qualidade das decisões democráticas. O processo de decisão deve observar e coibir a existência de arbitrariedades e de interferências, seguindo interesses privados políticos e econômicos, e criar um grau de eqüidade social e a necessidade comum de redistribuição de recursos. Ele também deve cultivar um sistema de participação em que as pessoas possam engajar-se em discussões.

O terceiro diz respeito ao método adotado para que as decisões sejam alcançadas. A participação nas disputas políticas educa um cidadão sobre o que o outro cidadão idealiza e do que necessita. Cria a tolerância recíproca e a canaliza para a construção de um interesse comum, a cooperação dos benefícios públicos.[10]

Por esse catálogo de benefícios, pode-se deduzir que democracia não é algo "inerentemente bom", mas que depende diretamente da extensão de seus resultados, ou seja, subordina-se ao grau de destino público. Esse maior ou menor grau de destinação pública encontra-se, em grande parte, determinado pelas "contingências".[11]

A União Européia não foi capaz de propor uma legitimidade política distinta de seu passado originalmente econômico. As legitimidades social e legal também comprovaram ter propósitos inconsistentes. Essa conclusão decorre de um breve exame sobre a espécie e a distribuição de seus benefícios, sob a égide da legitimação da autori-

---

10. Para María Aubert (2000, p. 125), não se deve desvalorizar o regime democrático representativo como um todo, mas identificá-lo como resultado de relações sociais. Ao contrário, deve-se entender o seu papel muitas vezes decisivo no cenário político (como na Espanha pós-franquista). Subvalorizar a sua importância significa prolongar o estado de desinformação cidadã sobre o valor do voto e a sua utilidade real e deixar nas mãos de *experts* o debate e a elaboração de alternativas, fatores que alienam politicamente todos os níveis.

11. A esse propósito, pode-se citar a postura das elites européias, que vêem a democracia como limitadora de seus direitos de crédito. Nesse sentido, sustentaram James Buchanan e Frederich Hayek.

dade, da cooperação institucional e sob os efeitos da responsabilidade governamental.

A autorização política para o Governo europeu não advém diretamente do povo europeu. O Tratado da UE é simplesmente um Tratado entre Estados soberanos sob a égide do direito internacional. Os representantes dos Estados-membros no Conselho são teoricamente responsáveis perante seus Parlamentos Nacionais e somente de forma indireta prestam contas aos seus eleitores. Essa "soberania contratada" revela a especificidade da política externa e da diplomacia negocial e não requer nenhum envolvimento direto dos cidadãos.

A única forma tolerada de participação direta e consensual, além do *referendum*, previsto no Tratado de Maastricht, parece ser a eleição para o Parlamento Europeu, cuja representação é largamente questionada. E mesmo tendo seus poderes ampliados com o Tratado de Amsterdã,[12] o Parlamento ainda conserva um papel secundário, quase

12. Apesar de o Tratado de Amsterdã ter garantido o poder da *co-decisão* para um grande número de matérias até então instruídas pelo *procedimento de cooperação*, relatórios do Comitê de Conciliação do PE demonstram o predomínio do *procedimento de consulta* nas tomadas de decisão comunitária. Assim, dos 394 procedimentos pendentes até set/97, 188 deles, ou 48%, eram dessa espécie, contra 15% do *procedimento de cooperação*, 26, 4% do *procedimento de co-decisão*, e 11% de outros procedimentos. Atenta-se que em tal procedimento a participação do PE é ainda mais reduzida. No contexto do *procedimento de co-decisão*, o PE pode enviar propostas de emendas para o Conselho (entre nov/1993 e jul/1997 dos 82 procedimentos de co-decisão o Conselho aceitou, em primeira leitura, 42% das emendas apresentadas, e, em segunda leitura, 46, 9%). No entanto, esses percentuais podem ser considerados diminutos se forem considerados que apenas de 25 e 30% dos procedimentos de decisão comunitários passam pela competência do PE. Ao mesmo tempo, o PE necessita reunir o voto da maioria absoluta de seus membros para ver apresentada uma proposta de emenda ou para sobrepor a uma proposta do Conselho (Prag, 1998, p. 12-13) (ver também item "O Parlamento Europeu segundo Maastricht", no Capítulo 2, p. 91-96).

que exclusivamente consultivo, nos negócios do Governo da União. Ao mesmo tempo, a distribuição de competências da União dificulta para o Parlamento a outorga da própria legitimidade, o que acaba limitando a sua exigência em termos de reforma institucional em atribuição de poderes.

Outras duas instituições comunitárias, Comissão e Conselho, detêm apenas *legitimidade parcial e indireta.*[13] À Comissão delega-se um papel não propriamente democrático, mas burocrático e diplomático; normalmente não toma decisões políticas nem aplica normas comunitárias. Aos seus vinte membros cabe iniciar projetos legislativos, na maior parte das vezes inspirados nos objetivos dos tratados, seguindo as propostas formais do Conselho e do Parlamento. Em algumas matérias, como normas de concorrência e medidas *anti-dumping*, a Comissão divide com o Conselho a responsabilidade na implementação e na supervisão das normas comunitárias.

Ao Conselho da União é devida a autoridade legislativa da União. Protagonista do processo legislativo, o Conselho testemunha a conduta dos seus próprios comitês e grupos de trabalho que elaboram projetos de propostas, que, uma vez aprovados, são conduzidos à Co-

---

13. A teoria democrática moderna associa a crise da *legitimidade política* às regras do *processo decisório*. Se aplicada ao regime comunitário, a legitimidade política residiria num criticável sistema misto que combinaria intergovernamentalidade, na pessoa do Conselho da União, transnacionalidade em potencial, na pessoa do Parlamento, supranacionalidade, na figura da Comissão, e pós-nacionalidade, com a Corte de Justiça, que vem incorporando vários graus de jurisdição, tanto subnacionais, quanto regionais ou locais. Nesse sentido, houve uma total dissociação entre os conceitos de *legitimidade política* européia, circunscrita à estrutura institucional, e *legitimidade social* européia, atrelada ao grau de desempenho econômico do processo, que incide negativamente naquele projeto democrático (Bellamy & Castiglione, 2000, p. 68).

missão ou ao Parlamento, dependendo do procedimento normativo.[14] O Conselho ainda pode delegar aos grupos de trabalho da Comissão alguma execução legislativa[15] – é a chamada comitologia –, atribuição que permanece afastada do escrutínio parlamentar, seja nacional, seja supranacional. A ausência de um diálogo direto entre ministros e parlamentares tornou-se característica do processo legislativo comunitário.

Sob o patrocínio dos tratados e das práticas comunitárias, não se consegue definir *quem* vem a ser materialmente legitimado para autorizar uma transferência de competências institucionais. Seriam os cidadãos europeus, os cidadãos dos Estados-membros, os Governos dos

---

14. No âmbito do primeiro pilar, freqüentemente o Conselho indica propostas de projetos ou toma suas "posições comuns" *à mercê* de amplos debates, ou seja, segue as orientações de seus grupos de trabalho. No ano de 1996, dos 500 itens de proposta aprovados pelo Conselho de Agricultura, cerca de 65% não demandaram quaisquer discussões, sendo aprovados em nível de Coreper, 21% foram reprovados, e apenas 14% foram levados aos debates no Pleno do Conselho. Assim, a associação entre o monopólio dos grupos de interesse na orientação e na proposição de condutas e normas comunitárias e as suas respectivas tomadas de decisão "a portas fechadas" revelam a maior das conseqüências: a deslegitimidade do processo decisório e das instituições respectivas (Human Rights and the 1996-7 Intergovernamental Conference, 1997, p. 8-13).

15. Alguns poderes de implementação para determinadas medidas comunitárias aprovadas pelo Conselho podem ser conferidas à Comissão (art. 145 do (T)CE). Para promover essa tarefa, formam-se cerca de mil comitês especializados compostos por membros dos departamentos dos governos nacionais. Divididos em três categorias: reguladores, administradores e orientadores, os comitês garantem, em sua maior parte, poder de controle ao Conselho e a oportunidade de os lobistas influenciarem na legislação. O Parlamento manifesta-se pela preferência dos comitês orientadores ou conselheiros, que não reservam aqueles poderes ao Conselho. O Parlamento trata de reivindicar a possibilidade de rejeitar ou rever essas implementações. No âmbito do *procedimento de co-decisão*, o Parlamento empenha-se em diluir a formação de duzentos comitês, com a mesma finalidade (ibidem, p. 13-4).

Estados-membros ou os valores referendados pelos constituintes europeus? Critérios de igualdade política – identidade política – e de harmônica cooperação pressupõem o conhecimento de *quais* sejam as partes envolvidas, isto é, a distinção de *quem* deve ser igual a *quem* e *quem* deve esperar cooperar com *quem*. Em relação a essas questões substanciais, a Europa não oferece resposta.

Para os comunitaristas, somente o *método majoritário*, estendido a todas as instituições, é capaz de democratizar a Europa.[16] Segundo eles, apenas esse procedimento poderá ampliar o respectivo poder de representação direta, conforme os critérios da famigerada igualdade política.

---

16. O relatório do Grupo Tindemans (1996) aponta para os efeitos danosos à instituição democrática no caso da adoção da regra da maioria para a aprovação de normas comunitárias no âmbito do Conselho da União. Pressupondo que cada Governo seja responsável perante seu respectivo Parlamento Nacional, adotado aquele procedimento, como responsabilizar um Governo de Estado por uma decisão comunitária, em que seu representante tenha votado com a minoria? Importa dizer que o uso dessa regra, na esfera comunitária, ausenta a responsabilização dos Governos Nacionais frente a decisões políticas impopulares (The Tindemans Group, 1996, p. 46). Apesar da participação do Grupo de Reflexão nas negociações das Conferências intergovernamentais (art. N do (T)UE), a ele não compete nenhum poder de decisão, apenas um *status* de observador (Human Rights and 1996-7 Intergovernamental Conference, 1997, p. 13). Um dos maiores desafios da Cúpula de Nice (7/dez/2000) foi compatibilizar o ingresso de novos Estados-membros com a regra da maioria, já que com a regra da unanimidade, qualquer um dos membros, por meio do veto, poderia rejeitar um projeto, e isso paralisaria todo o processo de decisão. A maior dificuldade é, no entanto, compor as situações em que os países queiram abrir mão desse direito de veto em prol da construção de um futuro comum. Nas questões sobre política social, Reino Unido, Alemanha e Espanha mantêm seu direito de reserva; sobre o sistema fiscal, o Reino Unido mantém o "direito de veto", pois trata-se de uma prerrogativa do Parlamento Nacional. Esse é o caso da Alemanha, que deseja manter o veto nos assuntos de política de imigração, que depende da retificação pelos *länder* (Lapouge, 2000).

A indeterminação da legitimidade representativa

A rigor, o Parlamento Europeu padece de sua própria indeterminação. Esse debate conduz à análise do Parlamento como sujeito representativo e, invariavelmente, passa a questionar os critérios para a sua composição e formação institucional, que podem viciar toda a sua estrutura e legitimidade democráticas.

> Art. 190.1 do Tratado da CE:
> Os representantes no Parlamento Europeu dos povos dos Estados reunidos na Comunidade serão eleitos por sufrágio universal.

O art. 190.1 costumava definir a *quem* seria atribuído o papel de sujeito político. Supunha-se que o povo de cada um dos Estados-membros, formando uma comunidade política diferenciada, fosse o sujeito e produtor dessa representação. Disso decorreu um dos primeiros vícios de origem da instituição: o Parlamento Europeu seria uma instituição de natureza interestatal, em que o sujeito não seria o povo europeu, mas o povo dos Estados-partes, representado por suas respectivas delegações nacionais. Desafiando os princípios democráticos do sufrágio universal – igualdade política – e das eleições diretas por todos os cidadãos, o Parlamento Europeu representava estritamente uma assembléia integrada por delegações representativas.

Ademais, caso se prefira seguir a orientação do Tribunal Constitucional alemão (em parecer de 12/out/1993) e atribuir, aos Parlamentos Nacionais e às suas conexões diretas com as instituições européias, a chave da legitimação democrática comunitária, resta incontestável o papel subsidiário do Parlamento Europeu. Nesses termos o Tribunal registrou:

> Ao Parlamento Europeu aporta uma certa legitimação, no momento atual atrelada à legitimação dos povos dos diferentes Estados. [...] O Parlamento Europeu é algo muito distinto de um Parlamento Nacional. Os deputados são eleitos pelos diferentes povos, de acordo com um sistema proporcional de cotas, de modo que a União Européia não se rege pelo princípio de um homem, um voto. [...] Não existe, todavia, uma opinião pública européia, nem existem partidos políticos europeus. Faltam, por conseguinte, coisas que seriam necessárias para que pudesse existir um processo europeu global de formação de vontade política (Sospedra, 2000, p. 55).

O Parlamento Europeu não pode ser igualado a um Parlamento Nacional, por uma razão essencial: no âmbito europeu, não ocorrem os pressupostos para a formação de uma vontade democrática e unitária, porque não existe, de fato, um "povo da União". Na União, elegem-se os representantes de cada povo de cada Estado, excluindo-se o sufrágio universal. Em que pese a institucionalização das eleições diretas para essa instituição, o Parlamento segue juridicamente interestatal. Como conseqüência, não haveria um sujeito comunitário capaz de formar autonomamente uma vontade política, nem de corresponder a nenhuma representação legítima.

Desde a perspectiva jurídica do (T)UE, que introduziu a criação da cidadania européia, a União tem cidadãos próprios e uma das características de um regime de Estado: sua própria população e seus próprios cidadãos. O anterior art. 8 do (T)UE, atualmente arts. 17 ss., cria um conjunto de direitos e obrigações próprios para as pessoas que detêm um vínculo com a União, que é a nacionalidade. Assim, a cúpula de Maastricht, ao estabelecer as normas da cidadania européia, inseriu no sistema da União uma nova categoria jurídico-política: a de "povo europeu".

A criação do "povo europeu", no entanto, não modificou a base de sustentação do Parlamento Europeu. Instituiu-se um sujeito de representação expresso na "vontade política dos cidadãos da União", e derrogaram-se os arts. 189 e 190 do (T)CE, que costumavam associar o PE a uma assembléia integrada por "representantes dos povos dos Estados reunidos na Comunidade".

Essas novas regras, no entanto, não ensejaram grande impacto na participação popular das eleições subseqüentes, uma vez que o problema da legitimação democrática está além das meras regras e garantias jurídicas. De fato, apesar de sua criação legal, o "povo da União" não existe como realidade sociológica.

Além disso, as determinações dispostas entre os arts. 17 e 22 do (T)CE permanecem sem sustentação quando se trata do exercício do princípio do sufrágio universal em relação às cadeiras da Eurocâmara.

A base de cálculo das delegações mantém a mesma configuração do Informe Patjin (1979), quando da primeira ampliação comunitária, que optou pelo incremento das cadeiras do Parlamento de forma não-linear, considerando, apenas em parte, o tamanho da população de cada Estado. A decisão adotada consistiu em partir do número de escaninhos do Estado de Luxemburgo, multiplicando-se esta quantidade por 1,5 para obter o número de cadeiras dos Estados pequenos, por 1, 75 para alcançar as cotas dos Estados médios e por 2,5 para obter as cotas dos Estados grandes. A composição da Câmara, desde então, não se baseia exclusivamente na população, sujeito soberano da representação, mas num sistema de cotas estatais ponderado segundo critérios arbitrários, cujas conseqüências diretas são a desigualdade na representação e o valor do sufrágio individual.

A pretensão de constituir um Parlamento que representasse simultaneamente cidadãos e Estados,[17] conforme o Informe Vedel Joce 4/72, tornou-se a razão de fundo para a escolha desse sistema misto. Essa origem "conciliadora" teve como conseqüências: a) a desigualdade de voto nas eleições do PE, e a variação do valor desse voto segundo a circunscrição em que é depositado; b) ao produzir uma ruptura no critério de igualdade, não se realiza uma eleição plena e efetivamente democrática, e, mesmo que a eleição seja direta, não se realiza mediante o sufrágio universal; c) dentre outras razões, decorreria o déficit de legitimidade democrática no âmbito do PE.

A dimensão dessa desigualdade pode ser medida em situações distintas e correlatas: a primeira, relativa ao peso da representação que detém um delegado de um Estado determinado, a partir do critério desigual de distribuição de escaninhos, por cotas diferenciadas. No exemplo (Tabela 1), na coluna *"Diferença de representação no PE"*, o voto de um parlamentar irlandês recebe peso quase três vezes e meio maior que de um parlamentar alemão, o que demonstra a distorção entre a representação por cotas e a representação proporcional. Outra situação é a representação dos Estados com maior população. Na mesma tabela, observa-se como seriam distribuídas as cadeiras no PE, caso fosse seguido exclusivamente o critério proporcional relativo à população. Nesse caso, fica demonstrada a sub-representação alemã com quarenta cadeiras, a super-representação irlandesa com nove, e o maior equilíbrio entre os critérios, anotado pela Espanha, deficitária com apenas

17. Sendo a União Européia uma união de Estados, a representação dessa resulta "imperativa", obrigando a uma configuração não exclusiva dos cidadãos. A escolha exclusiva do critério proporcional levaria os Estados maiores a determinar a conduta do Parlamento Europeu. Por outro lado, a adoção do sistema misto afasta a participação de órgãos constitucionais fundamentais como os Parlamentos Nacionais e impossibilita a satisfação do princípio do sufrágio universal (Sospedra, 2000, p. 76).

três cadeiras. Na Tabela 2, observa-se que nos Estados maiores encontra-se a maioria da população, cerca de 80% de toda a União; no entanto, a sua representação circunscreve-se a 67,73% das cadeiras, enquanto os países de população menor, que somam 19,90% da população comunitária, detêm cerca de 32,37% dos votos do Parlamento.[18]

Critério majoritário: ratificando a ausência de legitimidade política

A maior parte das análises políticas democráticas tem encontrado, no princípio do sistema majoritário, mais que um procedimento, o coração do regime democrático. Não há dúvidas de que o sistema majoritário oferece uma alternativa para alcançar a igualdade política, garantindo a cada voto, de cada membro da Comunidade, igual valor ou peso.[19] Esse mecanismo institucionaliza duas espécies de catego-

---

18. Uma das propostas debatidas na Cúpula de Nice (7/dez/2000) pelo Conselho da União fora justamente a adoção do cálculo da maioria qualificada para minimizar os efeitos dessa desproporção representativa. A partir de janeiro de 2005, para que uma decisão seja adotada no âmbito do primeiro pilar comunitário, bastará que 62% da população européia a tenha aprovado, previlegiando os Estados mais populosos como a Alemanha. Decisões importantes sobre novas adesões, orçamento, cobrança de impostos, e algumas questões sociais, envolvendo educação, saúde, cultura e serviços sociais manterão a regra da unanimidade. Matérias envolvendo visto, asilo e imigração passarão à regra da maioria qualificada em 2003, sujeita à decisão favorável do Conselho. Para as regras de funcionamento dos fundos estruturais, será adotada a regra de maioria qualificada a partir de 2007 (Thibaud, 2002). Relativo à representação dos Estados menores, ver The Tindemans Group, 1996, p. 56).

19. É importante considerar a relação de causa e efeito produzida pelos sistemas eleitorais do regime democrático representativo. Toda a limitação de sufrágio,

rias no processo político: a "maioria", que toma as decisões, mas que nem sempre corresponde à maioria das pessoas; e a minoria, que se encontra excluída do processo político, mas não necessariamente do processo civil e social.

A exclusão dessa minoria tornou-se regulamentada com a Declaração dos Direitos Humanos e conformada pela política dos Estados liberais. Nesse mesmo contexto, cresceu a retórica da inerente desagregação dos mundos político e civil/social, em que a participação política é formalmente concedida, mas materialmente silenciada. Assim, o procedimento garante ao cidadão que se utilize de alguns instrumentos para fazer valer a sua insatisfação política[20] (como o voto

---

seja ativo ou passivo, tem repercussões no exercício da liberdade dos eleitores, pois limita as suas opções de preferência. Do mesmo modo, a presença ou a ausência de candidatos independentes à representação e ao governo, a forma de escrutínio das eleições e a exclusão institucionalizada de uma parte da cidadania do jogo democrático esvaziam noções básicas como participação, legitimação, representação, eqüidade eleitoral, igualdade e liberdade (Aubert, 2000, p. 126).

20. A *abstenção* e o *voto em branco* traduzem individualmente uma crise de representação clássica e o abismo entre a realidade e os ideais democráticos. Já não se resume a um sinal de desinteresse, mas de repulsa, desconfiança e reprovação a partidos, programas, candidaturas, líderes e discursos. Abstenção deve ser entendida como uma opção legítima de quem nega legitimidade a este "estado de coisas". São milhões de vozes que denunciam a perversão do sistema democrático representativo (as eleições européias de 1999 obtiveram uma média de 54,5% de abstenção, número que só não é maior porque em alguns países o voto é obrigatório). O voto em branco, confundido estatisticamente com o voto nulo, vem sendo transferido para os partidos majoritários, sob forma de cadeiras no europarlamento. Assim, o voto consciente, informado, expresso no "não" inequívoco às opções apresentadas, é constantemente desvirtuado para as escolhas as quais se queria negar apoio. Dados das eleições européias apresentam o número de cidadãos sem representação nos distintos países da Europa. Nas últimas eleições nacionais dos países europeus, esses números somam na Espanha (1996): 7.944.800, na Alemanha (1994): 13.400.000 e na França (1997): 13.526.200 (Aubert, 2000, p. 126-31).

em branco ou o nulo), mas também afiança ao sistema a possibilidade de transformar esse número de descontentes, que poderá ser a maioria das pessoas, em "minoria". Essa lógica é própria do sistema majoritário, mas é inconsistente com o princípio da igualdade política.

Se a democracia não se restringe a um procedimento de avaliação de superioridade numérica e de natureza instrumental, então a legitimidade democrática depende mais de uma *rede de instituições* e menos de um conjunto de regras. Se o sistema majoritário não é a essência da decisão democrática num Estado-nação, imagina-se que estará muito distante de sê-lo numa Europa multifacetada.

A difusa lógica institucional européia

Mesmo que os analistas políticos europeus tenham apontado um *vácuo institucional* como principal causa do déficit democrático e a extensão do procedimento majoritário como a sua possível solução, a posição oficial das instituições comunitárias orienta-se pela impropriedade aquisitiva de diversos atributos do Estado democrático de direito.[21] Apesar da profunda identificação entre interesses dos Estados e da União (afinal, os Estados formam um consórcio para concretizá-

21. "O princípio clássico da separação dos poderes que vigora nos Estados-membros nem sempre é aplicado ao sistema legislativo da CE, o qual parece privilegiar o 'princípio do equilíbrio institucional'. Este princípio garante que todas as instituições comunitárias chamadas a participar no processo legislativo o fazem de forma equitativa" (*O ABC do Direito Comunitário*, 2000, p. 72). No dizer de María Montoya (1996, p. 113), não adotar o tradicional modelo de organização do Estado vem gerando desconformidades: "El sistema de controles y contrapesos que incorpora tampoco responde a los habituales en un sistema de gobierno parlamentario, ya que ni el Parlamento Europeo sustenta al ejecutivo comunitario, ni se establece ninguna relación de confianza entre ambos".

los), a União Européia tem procurado justificar-se[22] como um processo paradigmático de auto-organização. Ao seguir suas próprias convicções, prefere afastar-se das principais linhas de organização da política do Estado moderno, especialmente no que concerne à separação de poderes e às funções do Legislativo.[23] A União Européia alerta sobre os desequilíbrios funcionais e os descalabros gerenciais que desvalorizariam, diariamente, o princípio democrático no âmbito nacional e preconiza as enormes dificuldades encontradas para a articulação das demandas do chamado "ideal democrático".

Mesmo tendo conseguido identificar os vícios democráticos do Estado moderno, o pensamento integracionista europeu sucumbiu à ilusão de uma *democracia transnacional*[24] e viu ampliar a distância do controle público.[25] De fato, a idéia do "novo paradigma europeu" encobre a essência de um governo mais centralizador, se comparado ao

22. A integração entre Estados, individualmente democráticos, não resulta necessariamente numa unidade democrática, e, portanto, um "novo paradigma", baseado exclusivamente nas características do processo integracionista europeu, deveria ser proposto (Chryssochoou, 2000, p. 38).

23. Como dispôs Williams (apud Chryssochoou, 2000, p. 11): "um dos maiores *imprevistos* da Comunidade [...] foi o enfraquecimento dos parlamentos nacionais em favor dos seus próprios executivos, isso ocorreu inclusive em áreas de competência não-comunitária". (grifo nosso).

24. As construções científicas de teóricos da integração e teóricos democráticos são carentes de sentido, já que formuladas num vazio empírico. Limitam o regime democrático à forma do processo de decisão (Bellamy & Castiglione, 2000, p. 68).

25. Não obstante a declaração firmada em Copenhague, em abril de 1978, que declarou garantir os princípios democrático representativo, da legalidade, da justiça social e do respeito aos direitos humanos. A aplicação desses princípios importa na valorização de um sistema político pluralista e democrático, que garanta a liberdade de expressão e opinião, por meio de uma organização constitucional de poderes e procedimentos que protejam os direitos humanos.

do Estado-nação, que prefere escamotear uma sofisticada rede de grupos de interesses[26] definidora das políticas "comunitárias". Nesse aspecto, a tarefa de detectar as falhas democráticas do governo da União não é menos imperativa que qualquer outra de natureza política nacional.

Para Manuel Sospedra (2000, p. 86-8), o sistema institucional da União Européia define-se a partir do "princípio monárquico", no que diz respeito à concentração de poder de decisão. Esse cenário eleva o Conselho à figura de um "monarca coletivo", que se desdobra em uma entidade propriamente régia (o Conselho Europeu) e outra ministerial (o Conselho de Ministros). Pouco a pouco perfila-se a configuração de um sistema comunitário em que o governo de sua Majestade redistribui-se também para a Comissão. Uma Comissão manejada por grupos de interesse apoiados pela política do Conselho. À assembléia, carente de legitimação, progressivamente transformada em "Parlamento", resta reclamar parcelas crescentes do Poder Legislativo e orçamentário, que permita a ele um controle restrito à Comissão (art. 214 e 158.2 e art. 144 do (T)UE).

Assim, consagrar-se-ia, nos dispositivos dos tratados, um aparente "sistema de equilíbrio institucional", em que a Comissão, para exercer adequadamente suas tarefas, necessitaria de apoio simultâneo das duas outras instituições, sob pena de ocorrer o bloqueio de suas atividades. Esse mecanismo permite à Comissão compor sua fórmula "democrática ideal" entre a posição do Conselho e o parecer parlamentar.

---

26. Os Estados-nação são os principais atores do processo de integração europeu, fazendo-se presentes nas instituições supranacionais e nos grupos políticos sub e transnacionais. Existem cerca de três mil grupos de interesse e cem escritórios regionais, muitos deles envolvidos diretamente na formulação de políticas comunitárias, via *comitologia* – a execução pela Comissão dos ditames políticos determinados pelo Conselho da União e pelo Conselho Europeu (ibidem, p. 69).

Na prática, para um cidadão europeu importa que seus interesses sejam representados e suas demandas atendidas. Nesse momento, percebe-se que nenhuma dessas instituições foi planejada para alcançar esses fins.

Quais são os interesses defendidos por esses sistemas de representação? E, já que os próprios Executivos Nacionais afastaram a interposição dos seus respectivos Parlamentos do sistema de decisão comunitário, conformando as competências parlamentares européias, por que os interesses defendidos nesse Parlamento supranacional seriam contrários e distintos aos do Conselho? Com base nesse pressuposto, em que medida se daria o "princípio do equilíbrio institucional" proposto?

Certamente as respostas para essas questões irão conduzir a uma revisão das "verdades" propostas pela União Européia. Nesse sentido, poder-se-ia constatar que a realidade européia é bem diversa da apresentada pelos tratados, principalmente no que se refere à legitimação de suas instituições.[27] A fonte desse comprovado desequilíbrio institucional, em favor do Conselho, pode ser reconhecida também na origem da "teoria da separação dos poderes" de Montesquieu, que faz do Poder Legislativo uma instituição distante dos ideais democráticos, dotada de atributos meramente intermediários. Assim, apesar de recusar incessantemente a aplicação daqueles princípios, a União

27. Detecta-se na formação do PE a ilegitimidade popular. A rotação dos candidatos chamados à representação política européia efetua-se no seio das próprias elites sociais e econômicas. Segundo os dados da instituição, as classes sociais menos abastadas são representadas por não menos de 10 e não mais que 12% dos parlamentares europeus. Isso significa a materialização do "regime censitário", no qual apenas os cidadãos "esclarecidos", quanto ao processo europeu, votam e são representados (Aubert, 2000, p. 123); (ver sobre a reprodução e a conservação dos interesses das elites, no item "A escola praxiológica: mediação entre dois mundos" no Capítulo 1).

Européia acaba por sofisticar aquela alocação de poder ao Executivo supranacional. E, enquanto o Conselho acumula as funções político-legislativas, a Comissão cumpre aquele papel intermediário.

De fato, é a predisposição do processo comunitário que garante ou não um regime democrático para a União Européia. Assim, esse projeto[28] deveria não só prever, mas também apresentar mecanismos capazes de trazer alguma espécie de benefício para a sociedade. Essa adequação substantiva poderia ser feita a partir de um conjunto de combinações prováveis, que venha a englobar elementos sociais, como a eqüidade e a independência, e políticos, incluindo a participação direta popular.

A exclusão de critérios meramente procedimentais e da aplicação de regras universais ideologizadas deve tornar-se uma constante na efetivação desse projeto. Sobre esse aspecto, cultivar um "senso crítico" (Carraher, 1983, p. 1-39), atento às possíveis interpretações (valor metacognitivo) que um conceito possa suscitar, é essencial a qualquer cidadão europeu que pretenda exercer a democracia comunitária.

---

28. A Declaração Schuman (9/maio/1950) definiu os rumos do projeto europeu e o âmbito de sua atuação, quando definiu que: "Alta Autoridade se encarregará, no menor espaço de tempo possível, de modernizar e aperfeiçoar a qualidade produtiva; suprirá com carvão e aço os mercados francês e alemão, principalmente; desenvolverá uma política de exportação comum frente a outros países; equalizará e melhorará as condições de vida dos trabalhadores de indústrias. O alcance desses objetivos depende de medidas que deverão ser instituídas, como: a aplicação de um plano de produção e investimento, o estabelecimento de um instrumento de compensação para harmonizar preços, a criação de um fundo de reestruturação para facilitar a racionalização da produção. Nesses termos, a livre circulação do carvão e do aço deverá ser liberada de quaisquer impostos aduaneiros [...]. Fazendo frente aos cartéis internacionais, que tendem a impor práticas restritivas na distribuição e exploração dos mercados nacionais para manter os seus lucros, a Organização garantirá a fusão de mercados e a expansão da produção". (*A new idea for Europe...*, Comissão Européia, 2000, p. 36-7).

Nesse sentido, todo cidadão deveria deixar de aceitar, sem verificação, tudo o que lhe é oferecido pela opinião pública. Nesse rol, incluem-se conceitos que se naturalizaram no meio sociopolítico europeu, como o de "instituição supranacional", "regime democrático comunitário" ou o de "equilíbrio institucional". Apesar de conter uma "verdade parcial da realidade", esses conceitos, diretamente resultantes dos processos de manipulação discursiva,[29] agora fazem parte da chamada "realidade européia".

Quadro 4 ▪ Aplicação do processo argumentativo no contexto da União Européia

	Conseqüências	
	Assertiva Retórica	**Assertiva Fática**
TEORIA DA SEPARAÇÃO DOS PODERES	▪ criação de um "novo paradigma" em benefício do "povo europeu". ▪ maior conteúdo e legitimidade democrática. ▪ aplicação do princípio do "equilíbrio institucional".	▪ criação de um mito, realidade adaptada aos grupos de interesse europeus. ▪ menor conteúdo e legitimidade democrática. ▪ sofisticação e ampliação dos mecanismos que concentram o poder no Executivo supranacional. ▪ restrição ao controle interinstitucional.

29. Entre as formas de manipulação européia estão os discursos de líderes políticos europeus, textos de tratados, regulamentos, diretivas e as decisões comunitárias, a produção científica de cientistas e de intelectuais, uma parte da opinião pública e da sociedade civil, incluindo grupos de interesse. (Ver item "A Escola praxiológica: mediação entre dois mundos", p. 42-47).

A influência dos grupos de interesse na definição das políticas européias

Entender a dinâmica européia é entender as representações de interesses públicos e privados europeus. Desde 1958, as atividades dos grupos de interesse[30] explicam o desenvolvimento e funcionamento da Europa comunitária. Primeiro, porque eles têm um importante significado no contato entre as "remotas" instituições comunitárias e a população dos Estados-membros. Nesse aspecto, poder-se-ia delegar aos grupos de interesse o papel de "legitimadores" das decisões comunitárias, o que, conforme Greenwood (1997, p. 1), atenuaria o efeito do *déficit democrático*. Segundo, com o firme objetivo de se beneficiar com a abertura do mercado europeu, os grupos de interesse acabam encorajando a progressiva transferência de competências nacionais para as instituições européias e valem-se de seu "trânsito livre", poucas vezes formalizado, nas entrecâmaras de Bruxelas, para dirigir o futuro do processo e, sob esse aspecto, ampliar a incidência do *déficit democrático*.[31]

O renascimento de uma aliança política, consubstanciado na idéia de uma "Europa federalista", em 1986, teve como principal objetivo

---

30. O conceito de grupos de interesse é usado como sinônimo de grupos de pressão, sendo definidos como qualquer associação civil (distinta do partido político) que influencie o governo, e que tenha a capacidade de desestabilizar e de inspirar aqueles que observam ou participam do processo político (University Association for Contemporary European Studies, 1985, p. 2).

31. Para a Associação Universitária de Estudos Contemporâneos Europeus, Uaces, os grupos de pressão políticos podem representar uma alternativa de realização democrática por meio da liberdade de associação. Mas eles também podem significar o fortalecimento do Executivo a expensas do Legislativo (University Association for Contemporary European Studies, 1985, p. 2).

as demandas das lideranças empresariais, preocupadas em não perder suas fatias de mercado para as concorrências americana e asiática. Naquela época, o desempenho dos grupos de interesse era substancialmente diminuto e restrito aos *lobbies* nesse setor.

Atualmente, essa atuação tem se alastrado na direção das próprias autoridades governamentais, na medida em que dita suas políticas e influencia (*inputs*) suas decisões.

A designação de um maior número de responsabilidades no domínio comercial à Comissão acabou por torná-la dependente de trabalhos de especialistas e de grupos externos ao seu próprio *staff*. Ao mesmo tempo, interesses não-comerciais, que também desejavam ver suas demandas atendidas, fizeram-se presentes nesse emaranhado institucional.

Ao final, nem os *outputs* (propostas e não-propostas) nem os *outcomes* (resultados finais) das políticas públicas européias podem ser identificados sem que se faça referência a esses respectivos interesses. De igual forma, o rumo do desenvolvimento da UE não pode ser compreendido sem considerar a influência desses interesses na ampliação da transferência de competências para o nível comunitário.

Essa variedade de interesses organiza-se sob *forma coletiva*, em associações formalmente constituídas ou em redes informais, ou sob *forma não-coletiva*, em atuação individual. As associações formais representam tanto os interesses setoriais regionais (federações, organização empregatícia) quanto supra-regionais (confederações, geralmente de grandes empresas), associando diretamente unidades empresariais. Para os cidadãos europeus, a representação de grupos de interesse está associada e expressa nos lobistas.

A Comissão estima que haja cerca de três mil grupos de interesse procurando exercer em Bruxelas algum tipo de influência nas políticas da União, incluindo mais de quinhentas confederações européias e

10 mil lobistas envolvidos na representação de interesses, perfazendo aproximadamente o cálculo de um representante de interesses por comissão oficialmente instituída, excluindo todo o *staff* que a secretaria.

A instituição vem se esforçando para aprofundar e ampliar a institucionalização dessas representações, e, desde os idos de 1980, o trabalho junto a indústrias e a outros setores tem resultado no aumento efetivo dos eurogrupos e de grupos setoriais e supra-setorias,[32] formando o chamado guarda-chuva europeu de interesses representáveis.

Também costuma favorecer a interação com os eurogrupos, na medida em que passa a receber comentários de setores negociais europeus sobre seus projetos e suas iniciativas legislativas. Embora as em-

32. Entre as representações na esfera supra-setorial incluem-se a Union of Industrial and Employers' Confederations of Europe (Unice), compilando federações nacionais da indústria, a The European Round Table of Industrialists (ERT), e a The EU Committee of the American Chamber of Commerce (Amcham-EU) todos representando grandes indústrias e empresas da área de comércio, e dois dos mais influentes eurogrupos. A The Association of European Chambers of Commerce and Industry (Eurochambers) representando as "conferências permanentes" ou câmaras de comércio, e representando as pequenas empresas de embarcação e de veículos de pequeno e médio porte: a European Association of Craft, Small and Medium-sized Enterprises (UEAPM) e o European Committee for Small and Medium-sized Enterprises (Europmi). Representando os interesses do setor público: a European Centre of Public Enterprises (Ceep) e a European Trade Union Confederation (Etuc), representando os trabalhadores. Também há o European Secretariat of the Liberal, Independent and Social Professions (Seplis), dos profissionais liberais. Os interesses públicos supra-setoriais são representados pelo European Citizens Action Service (EEB) e o Bureau Européen des Unions de Consommateurs (Beuc) representa os interesses dos consumidores. Os interesses subnacionais são representados pelo Council of European Municipalities and Regions (Cemr) e pela Assembly of the European Regions (AER) (Greenwood, 1997, p. 4-5; University Association for Contemporary European Studies, 1985, p. 10).

presas singularmente representadas sejam ouvidas no espaço da Comissão, quando são estrategicamente importantes, sob o ponto de vista da captação de recursos para a União, tendem a garantir uma fatia maior de benefícios e utilizar outras vias de influência.[33] A incipiente mobilização coletiva em determinados setores ou a ausência de um eurogrupo correspondente ao interesse pode conduzir ao uso de espaços não-institucionalizados. Atualmente a operacionalidade de Bruxelas depende dessas densas redes interpessoais e interorganizacionais.

Aos lobistas cumpre coletar diariamente informações oficiais das instituições européias e prover os grupos de interesse e suas redes de operação. Essa *interface* ocorre geralmente na área comercial e é executada por empresas especializadas em negociação pública. Essa espécie de empresa é reconhecida por seus preciosos contatos e pelo seu "livre acesso" nas entressalas e corredores das sedes de Bruxelas. Dessa forma, os melhores lobistas são aqueles que se concentram na tarefa de aconselhar seus clientes sobre a melhor forma de exercer influência nos negócios europeus.

Os *lobbies* também podem ser usados toda vez em que não seja prudente a ação direta dos grupos de interesse, o que ocorre, principalmente, quando aquela representação (como um eurogrupo) for limitada na esfera institucional européia, ou quando haja uma divisão entre os membros do grupo em relação ao resultado desejado, ou ainda em caso de esse resultado afetar particularmente mais uma empresa que outra.

Além dos setecentos grupos que trabalham em escala internacional e européia, ainda se pode encontrar a representação de outras 135

---

33. Esse é o caso da Esprit, uma empresa que desenvolve tecnologia aplicada para *softwares*.

autoridades territoriais, sem falar na quantidade de escritórios que reúne as maiores empresas do mundo. Nesses termos, o grau de eficácia e influência é medido pela quantidade de recursos e de investimentos despendidos.

Manter um escritório em Bruxelas é bastante oneroso: o metro quadrado custa entre 185 e 240 euros, variando conforme a proximidade dos códigos postais 1040/1049, distrito de Bruxelas onde se localizam as sedes do Conselho, da Comissão, das delegações nacionais, da Câmara Parlamentar e sua sede alternativa e dos escritórios dos parlamentares europeus. Esse alto investimento implica exclusão de alguns grupos de interesse incapazes de disponibilizar esses valores. Isso explica por que mais de 2/3 dos grupos de interesse, com sede em Bruxelas, são grupos que defendem os interesses comerciais, o que acaba definindo a agenda das comunidades e centralizando-a nessa espécie de negócio. Outros grupos, cujos interesses são apenas indiretamente associados aos comerciais, se utilizam dos *lobbies* como sua única opção.

Quais são os interesses em jogo na União Européia?

O fato de a União Européia deter competências para implementar suas próprias políticas públicas pode afetar inúmeros interesses de diversos grupos. Envolve tanto interesses de pessoas que fazem da pesca e da agricultura o seu meio de sobrevivência como dos consumidores em relação à melhor qualidade dos produtos. Nessa disputa política, uma grande empresa pode perder milhões de euros na pesquisa de um novo produto, que pode ser considerado obsoleto por uma decisão comunitária, e uma região pode perder recursos vitais dos fundos estruturais se não se mobilizar por uma iniciativa. De qualquer forma, terão prioridade de análise as propostas de interesse de origem empresarial, cujo potencial de concorrência se dá num mercado global.

Na verdade, toda essa proposta de unificação de mercado representa uma oportunidade de conquistar 370 milhões de consumidores e um desafio para a livre concorrência entre fornecedores. É com o escopo de proteger os interesses comerciais internos ao bloco que se construiu e se constrói uma nova estrutura normativa. É também por essa razão que, freqüentemente, encoraja-se a progressiva transferência de competência para aquelas instituições, muitas vezes manipulada pela Comissão, que anseia ampliar os poderes de setores dos governos nacionais em sua base transnacional.

Nesses altos e baixos da política européia, são travados os conflitos e deliberadas soluções sobre o futuro da União. E, dentre as matérias que mais concentram a atenção e a influência de grupos com interesses comerciais, estão a união monetária e a distribuição entre competências nacionais e supranacionais.

Assim, os discursos dos representantes europeus no intuito de "tornar a região, no prazo de dez anos, os Estados Unidos" e de "tornar a Europa a economia mais competitiva e dinâmica do mundo" (*Gazeta Mercantil*, 2000) direcionam os objetivos estratégicos da União para o próximo decênio. Nesse sentido, a Comissão, liderada pelo finlandês Erkki Liikanen, comissário presidente da Diretoria Geral III e responsável pela direção geral de assuntos sobre concorrência comercial, propõe a instauração da livre concorrência de mercado. A escolha pela competitividade e pela modernização mobiliza os investimentos comunitários em torno de fatores de produção específicos, como a inovação, a pesquisa e o desenvolvimento tecnológico, e a gestão, administração e treinamento de pessoal, todos elementos vitais para o fortalecimento da competitividade de empresas européias.

Esse projeto de liberalização total da economia européia alia as propostas de reforma jurídica, principalmente desregulamentações e diminuição de custos trabalhistas,[34] de harmonização legislativa e de recepção dos regulamentos comunitários pelos ordenamentos nacionais.

PROCESSO DE DECISÃO E CANAIS DE INFLUÊNCIA NA UNIÃO EUROPÉIA

A representação dos interesses da União Européia obedece a critérios de decisão e a processos políticos que envolvem no mínimo três níveis distintos de competência: subestatal, estatal e supra-estatal.

Os pontos de acesso para influenciar as decisões da União Européia são múltiplos e complexos. Entre as instituições européias, a Comissão, que detém a responsabilidade pelos projetos de legislação e encampa os estágios preliminares de definição de diretrizes políticas, é o alvo mais procurado pela representação dos grupos de interesse. Num segundo plano, aparece o Parlamento Europeu, que se tornou alvo dessa influência, na medida em que recebeu a competência e a capacidade de realizar emendas legislativas. Num terceiro momento, como um recurso de última instância no processo de decisão, o Conselho de Ministros torna-se um alvo com menor possibilidade de receber a influência desses grupos, pois a maior parte dos debates já foi encerrada e concluída. O Conselho pode se tornar objeto de *lobbies* mais intensos quando iniciar uma proposta junto à Comissão. Depois que o Conselho transforma a proposta em diretiva, decisão ou

34. A Comissão Européia enfrenta enormes obstáculos à implementação de suas políticas liberais: no mês de julho de 2000, 153 trabalhadores da empresa Cellatex tentaram pressionar o governo francês a não fechar a empresa, ameaçando derramar 56 mil litros de ácido sulfúrico no rio mais próximo. A situação extrema dessa indústria reflete as dificuldades de todo o setor têxtil francês. Mesmo assim, o Parlamento Europeu julga ilegal a ajuda do Estado francês às indústrias do setor, sob a forma de redução de impostos (*Gazeta Mercantil*, 2000).

regulamento, resta aos grupos de pressão questionar a validade dessa normatização junto à Corte de Justiça Européia.

Mais importante que deter a presidência rotativa de uma dessas instituições é exercer influência sobre os membros que participam da formação dessas estruturas.[35] Ao mesmo tempo, não se devem menosprezar os canais subnacionais de influência, particularmente dos próprios Estados-membros. A solução para a "crise da carne", em 1996, por exemplo, dependeu da decisão conjunta dos Estados-membros e da União Européia. A definição das cotas pesqueiras de cada país é outra controvérsia centrada nos interesses de cada Estado-parte. Nesse caso, a Europeche, a associação que representa os interesses dos pescadores em grau supranacional, fica adstrita à posição comum acertada entre, pelo menos, Inglaterra e Espanha.

Depois que os acordos políticos são firmados entre Conselho de Ministros e Conselho Europeu, ergue-se uma nova balança de poder, em que a maior parte das implementações deliberativas depende das administrações nacionais.[36] O momento da implementação representa uma oportunidade de ação para os interesses particulares junto aos governos nacionais. Os governos nacionais, por sua parte, transigem

---

35. Os estudos da Uaces situam o exercício da presidência da Comissão como de suma importância, já que é o presidente que define o que será discutido na "agenda" da Comissão. Ele muitas vezes enfrenta a proposição de questões contraditórias entre interesses de uns e de outros Estados-membros (University Association for Contemporary European Studies, 1985, p. 17).

36. No Reino Unido a auto-regulamentação tem sido o instrumento preferido para a implementação ou não de diretivas, estimulando o governo nacional a refazer alguns acordos, como no caso dos custos com o reequipamento de *freezers* que estocavam comidas congeladas à venda no varejo, ocorrido em 1985 (Greenwood, 1997, p. 30).

essa parcela de competência com as agências de interesses privados, no âmbito dos chamados "acordos corporativos".[37]

Alguns fatores estratégicos acabam direcionando o engajamento dos grupos de interesse na arena européia. São eles: a) o fato de a Comissão deter a competência da iniciativa legislativa, fortalecendo, com isso, a estrutura européia e os canais de representação europeus; b) a presença de comitês institucionalizados em estruturas que representem interesses; c) a necessidade de conservar as estratégias dos eurogrupos, a fim de robustecer a estrutura supranacional; d) a necessidade de manter uma rede de influência; e) a contextualização econômica e política européia, em razão da inexorável "internacionalização e abertura de mercados"; e) associada às competências supranacionais.

Dessa forma, as rotas de influência consolidaram-se nas mais variadas direções no campo político europeu, da "rota nacional" à "rota européia". Na sua combinação ou na simultaneidade, encontram-se canalizados os interesses dos grupos europeus.

A REPRESENTAÇÃO DE INTERESSES PELAS "ROTAS NACIONAIS"

A articulação de interesses no âmbito europeu pode ser classificada por uma série de critérios: a) formas de agregação de interesses: individuais ou coletivos; b) formas de canalização da representação de interesses: espécies de rotas; c) formas de representação: direta ou indireta (*lobbies*); d) canais de comunicação: estrutura européia, "insti-

---

37. A Comissão vem incentivando a condução de consensos político-corporativos (Lodge, 1989a, p. 52). Depois do Tratado de Maastricht, a Comissão vem limitando algumas competências estatais para essa espécie de acordo, a partir de condições impostas pelas Diretorias Gerais, inclusive em relação à distribuição de incentivos financeiros e critérios para venda de empresas estatais (Greenwood, 1997, p. 30).

tuição-alvo". A escolha por um ou outro critério é deveras complexa. Instituições nacionais e supranacionais podem ser ao mesmo tempo objeto e sujeito de disputas de interesse. A variedade das circunstâncias, a natureza das questões em discussão e o tipo de interesse afetado podem indicar um provável critério de condução política.

A "rota nacional" é identificada como a escolha de influência por meio de contatos nacionais e pelos governos nacionais. Assim, o uso da "rota nacional" para representar os interesses no âmbito europeu é condicionado pelo papel que os Estados venham a desempenhar no processo político europeu, principalmente no procedimento e na implementação decisória pelo Conselho.

Acessar o Conselho utilizando a "rota nacional" significa usar os canais nacionais de representação e coordenar as atividades com os demais Governos no âmbito da máquina comunitária. O Conselho tem sido alvo dessas "rotas", de forma direta, pelos Ministros de Estado, em conseqüência do grau de decisão que engendra.

De igual modo, a representação de interesses privados feita junto ao Coreper não é incomum, ao contrário, ela é facilmente revelada nos tumultuados corredores e ante-salas de Conferências Ministeriais. A esse Comitê cumpre a tarefa de classificar as propostas que receberão aprovação final pelo Conselho. Por essa razão, também sofrem influência dos famigerados *lobbies* europeus.

É na Comissão que freqüentemente se formam redes de operação política, conformando interesses de empresas particulares e de Estados-membros. Isso significa que os interesses defendidos são, em última instância, os interesses do próprio Estado, facilitados pelos seus próprios nacionais que trabalham naquela instituição. Ter uma delegação nacional permanente em Bruxelas é também uma boa forma de manter essa vasta rede de contatos e relações com as delegações de outros Estados.

A Comissão prioriza a promoção dos debates entre interesses representados pelos eurogrupos.[38] Esses interesses, geralmente comerciais, acabam suplantando a representação de outros setores cuja mobilização é pequena ou praticamente ausente. Está criado um grande desequilíbrio entre os interesses comerciais no *staff* europeu e os interesses públicos dos Estados.

Em vez de esses desequilíbrios serem compensados pela política pública européia, são majorados pela institucionalização dos eurogrupos, que canalizam os interesses de grupos nacionais para a esfera comunitária.

O histórico de sucesso dos eurogrupos[39] é associado, entre outras razões, à sua capacidade de ecoar os dilemas expressos no interior

38. Segundo os estudos da Uaces, apenas uma pequena parte dos eurogrupos são constitucionalmente destinados à integração européia. Nessa categoria se encontram o Committee of Professional Agricultural Organisations (Copa) e a European Trade Union Interests (Etuc), também classificados como grupos corporativistas. Não parece haver nenhuma evidência que confirme a vocação dos eurogrupos em promover o ideal comunitário de integração. Ao contrário, é comum encontrar eurogrupos defendendo interesses setoriais (University Association for Contemporary European Studies, 1985, p. 81-2).

39. Em alguns setores, os eurogrupos foram responsáveis pela implementação de modelos de políticas. Esse foi o caso da Política Agrícola Comum, que se desenvolveu a partir de uma aliança (iniciada em 1968) entre Comissão e dúzias de eurogrupos ligados à agricultura. O Comissário da Agricultura Mansholt, trazendo importantes organizações nacionais agrícolas para o guarda-chuva europeu, realizou acordos com o Copa e os principais fazendeiros europeus, formando um *front* coeso nas discussões com o Conselho de Ministros. Esse foi o caso da modificação na política industrial de beneficiamento do ferro, que até os anos 1980 sofria de recessão. Com a formação do Eurofer, que reúne pequenos e grandes produtores, a Comissão passou a ter um interlocutor com quem iria discutir a nova política de beneficiamento das indústrias de ferro com os Estados-membros. Isso gerou um interesse, por parte dos governos nacionais, em revogar algumas de suas regulamentações no setor (University Association for Contemporary European Studies, 1985, p. 87-8).

do Conselho de Ministros, principalmente oriundos das dificuldades em implementar o procedimento da unanimidade. Tais compromissos, na maior parte das vezes frágeis e vagos, são facilmente abalados por *lobbies* governamentais.

No intuito de impedir a prevalência de interesses de "determinados" grupos de pressão e, em conseqüência, de interesses nacionais de "certos" Estados-membros,[40] outro grupo de Estados-membros, desejoso pela ampliação das competências comunitárias, iniciou um movimento através do AUE e (T)UE, em apoio à aprovação por maioria qualificada (QMV). Porém, a introdução da QMV para um grande número de matérias, principalmente no âmbito das políticas sociais, incluindo proteção ao consumidor e medidas ambientais, não chegou a atingir setores estratégicos da soberania estatal, como as medidas fiscais e o uso da terra, da água e da energia. Nesses casos, o Conselho mantém a aprovação por unanimidade de seus membros.

Também a aquisição de novas competências para a implementação da união monetária, para a criação de novas instituições e para a inclusão de uma nova rede de atores políticos continua a resistir e a depender desse método de aprovação. Nesses casos, é "preferível" que a órbita nacional mantenha o controle exclusivo da decisão. Dessa forma, à rede de acordos e protocolos comunitários cumpre institucionalizar a ação dos interesses privados; em outras palavras, ao Tratado cabe normatizar a privatização do governo "supranacional".

A REPRESENTAÇÃO DE INTERESSES PELA "ROTA EUROPÉIA"

O uso da estratégia é essencial para qualquer interesse que possa influenciar diretamente as instituições comunitárias.

---

40. Greenwood, 1997, p. 32-3. Nesse sentido, seguem os teóricos adeptos da teoria intergovernamental para a integração européia: Dahrendorf e Hoffman (University Association for Contemporary European Studies, 1985, p. 11).

Dentre as instituições, a Comissão é o alvo preferido das representações de interesses, por deter quase que exclusivamente o direito de iniciativa legislativa e, por extensão, o controle de sua aplicação. Por isso, é deveras importante exercer alguma espécie de influência sobre ela, inclusive construir uma boa relação com seus membros. Calcula-se que as instituições européias empregam cerca de 322 funcionários para cada população de 10 mil pessoas. Somente a Comissão emprega cerca de 2/3 desse número de funcionários, um total de 12.188 empregos. Sob certo aspecto, esse número de funcionários pode ser considerado pequeno se comparado ao pessoal de determinadas sedes administrativas de Estados-membros. Esse "déficit gerencial" favorece a dependência dos *lobbies* externos.

Na Comissão, as lideranças e determinados comissários podem ser alvo de pressões. Enquanto das lideranças da Comissão derivam tarefas políticas cruciais, como a estrutura de debates, dos comissários podem surgir a defesa de interesses domésticos, mesmo que sejam desvinculados formalmente daqueles. É a chamada "política de formação".[41]

Os comissários freqüentemente contam com um gabinete ou um escritório privado composto por seis conselheiros. A disponibilidade em canalizar interesses domésticos não torna um gabinete o alvo mais indicado para a representação nacional, isso porque ele enfatiza a rede de contatos comunitárias. Essa ênfase se consagra em meio ao próprio processo de decisão que prioriza meios, métodos e questões comuni-

41. Segundo J. Lodge, até os anos 1990, a influência dos grupos de pressão ocorria mais junto à "política de implementação" que propriamente junto à "política de formulação". Exceção a essa regra foi o *lobby* realizado pelo eurogrupo Cecom, que reuniu as empresas Rank Xerox e Olivetti, do setor manufatureiro de fotocopiadoras, que pressionaram mudanças na política de preços europeus em relação aos seus produtos (Lodge, 1989a, p. 52-3).

tárias. Dessa feita, primeiro, um comissário deve convencer seus colegas comissários sobre o mérito do projeto. A partir do projeto, elabora-se a proposta com a supervisão do *staff* permanente de uma das Diretorias Gerais (DGS),[42] extensões da Comissão. Portanto, é essencial para os interesses privados desenvolver relações com as divisões menores da Comissão que preparam o projeto. Em regra, quanto mais sofisticado o grau de debate dos projetos ou quanto mais alto o nível de discussão, menor o grau de influência direta e da possibilidade de sucesso de representação. É nesse momento que emergem a maior parte dos *lobbies* europeus, referendando a lógica de que quanto mais afastado do projeto inicial, menor será seu efeito.

Em um estudo realizado pela Comissão (1993), cerca de 80% do conteúdo da proposta aprovada, por decisão final do Conselho, é encontrado no projeto de proposta. Portanto, é fundamental encontrar um canal de influência antes de a proposta emergir em forma de projeto. Esse trânsito intenso em busca de contatos e redes de in-

---

42. Cada DG tem sua competência específica e é formada por um variável número de pessoas formando seus *staffs*, por exemplo a DG XXIV (política do consumidor) é formada por um *staff* de 120 pessoas, enquanto a DG VI (agricultura) conta com 850 pessoas. Cada DG é dividida em 4 ou 5 diretorias funcionais, as quais são subdivididas em 3 ou 4 grupos de trabalho. O membro da subdivisão reporta-se ao diretor, que encaminha relatório ao Diretor-Geral, que o repassa ao comissário. O comissário, sobre certo aspecto, pode ser igualado à figura de um "rei". Esse designado agente comunitário é, em tese, autônomo e independente de seu próprio executivo nacional, desvinculado de sua política doméstica, e dispensado de aprovação legitimamente popular (Greenwood, 1997, p. 34-5). Depois do acordo entre os comissários, desenha-se, com respaldo dos respectivos Estados-membros que nomearam aqueles comissários, uma proposta que será enviada em nome da Comissão para o Conselho, o Parlamento Europeu, e algumas vezes para o Comitê Econômico e Social. De 6 a 12 meses, a Comissão recebe a proposta com comentários e emendas desses corpos consultivos (University Association for Contemporary European Studies, 1985, p. 15).

fluência acaba conservando a existência de uma Bruxelas em torno de si mesma.

A "iniciativa de abertura" da Comissão Européia, no intuito de que ela passe a receber a representação de interesses externos a Bruxelas, foi a recomendação do relatório do Comitê Sutherland (1992).[43] A essa recomendação soma-se o relatório da Conferência de Edimburgo que, no mesmo ano, fez menção à transparência e à publicidade dos procedimentos de decisão tomados na União Européia. Apesar desse conjunto de iniciativas, conhecidas como "iniciativas Pinheiro", apenas 2/3 de toda a documentação européia teve acesso aprovado pelas próprias instituições. Tais medidas conseguiram institucionalizar a Comissão como canal de influência prioritário e privilegiar ainda mais os grupos de interesse sediados em Bruxelas.

Pode ser que, no futuro, principalmente depois da difusão dos efeitos do *déficit democrático,* potencializem-se as representações de organizações não-governamentais, como a European Roundtable of Associations and Federations (Eraf), e de interesses externos a Bruxelas.

Nesse sentido, o DG XI (Biotecnologia) mencionou em parecer a intenção de procurar contribuições de grupos de interesse que não possuam voz em Bruxelas e que definitivamente encontrem-se deslocados do âmbito das discussões. Esse parecer ainda reconheceu que o acesso às instituições comunitárias é mormente facilitado para os grupos de interesse comercial.

43. Entre as medidas sugeridas estão: consulta aos chamados *green papers*, relatórios de grupos de interesse não localizados em Bruxelas; compromisso de informar os representantes de grupos de interesse, não localizados em Bruxelas, sobre as novas tendências políticas; aumentar o intercâmbio de informação entre os DGs da Comissão; publicar os principais interesses em debate pelos maiores grupos de pressão, para que sejam consultados nos estágios iniciais de discussão de propostas, entre outras (Greenwood, 1997, p. 38).

A prioridade dos grupos com sede localizada em Bruxelas é geralmente justificada pelo "déficit gerencial" da Comissão. O reduzido número de funcionários tornaria indispensável a consulta a escritórios particulares. A consulta feita pela Comissão pode se tornar um canal de representação para interesses privados, caso a consultoria encarregada saiba tirar proveito do próprio trabalho.[44] Nesse caso, fica evidente a influência direta de interesses privados na construção da agenda institucional.

Assim, a Comissão estrutura-se a partir de rotas de influência para as políticas públicas européias e o faz por meio de suas próprias comissões consultivas e grupos de trabalho.

Na Comissão existem duas espécies de comitês consultivos: os *comitês de especialistas* e os de *consultas propriamente ditos*, totalizando em média duzentos comitês. Enquanto os primeiros são formados por peritos e técnicos nacionais, o que facilita a ingerência pelas "rotas nacionais", os segundos contribuem para a representação de interesses setoriais, portanto, de eurogrupos, habilitando as "rotas européias". Juntos esses comitês somam 50 mil espécies de representações, entre administrações nacionais e setores privados, em dados fornecidos pela Comissão das Comunidades Européias em 1990.

Além dessas estruturas institucionalizadas, ainda existem estruturas semi-institucionalizadas, como os comitês de estandardização. Entre seus objetivos, encontra-se a remoção das barreiras não-tarifárias desenvolvendo a harmonização de mercados, iniciada pelo Espaço Econômico Europeu (EEE). A maior parte desse trabalho de estandardização, que visa a maximizar o uso das diretivas, é realizada

44. Este é o caso do comissário Bangemann, que formulou uma recomendação ao Conselho Europeu numa conferência denominada *Europe and the Global Information Society*, em parceria com estudos da IT Industry (ibidem, p. 40).

por um pessoal técnico externo às contratações burocráticas, mas ainda vinculado a interesses específicos de indústrias e comércio. Nesse caso, a contribuição de certos grupos, como os consumidores, ainda é menor, pois quanto maior a "tecnicidade" e a especificidade da linguagem utilizada, maior é a distância da linguagem ordinária do cidadão europeu.

A ampliação das hipóteses de iniciativa política pela Comissão gerou, nos últimos anos, um movimento a favor da reconcentração de competências de ambos os Conselhos. O art. 152 do (T)CE consagra a possibilidade de interposição de proposta pelo Conselho junto àquela instituição, enquanto o Conselho Europeu poderá fazê-la pela ata de sua conferência.

O Parlamento Europeu também herdou a possibilidade de apresentar proposta (art. 138b do (T)CE) de decisão junto à Comissão. Mas é a figura do "parecer" parlamentar, no âmbito dos *procedimentos de cooperação* e de *co-decisão*, que atrai o maior número de disputas de interesse.[45] Entre seus comitês, os mais importantes são o do meio ambiente, saúde pública e política do consumidor – Envi (n.9), principalmente pelas competências em matérias controvertidas como poluição e desperdício de recursos (incluindo reciclagem), os comitês de assuntos econômico e monetário – Econ (n.5) e de política industrial – Indu (n.7). Esses três comitês congregam a maior parte das atenções das atividades representativas porque seus relatórios serão enviados como resposta à proposta da Comissão. O controle sobre 60% dos recursos não obrigatórios do orçamento da União também desencadeia um certo número de interesses relativos aos financiamentos.

---

45. Segundo cálculos, em 1989, o PE atraía cerca de duzentos *lobbies* que cobriam todos os tipos de questões e de interesses econômicos (Lodge, 1989a, p. 51).

À exceção dos grupos formados pelos membros do Parlamento Europeu, todas as demais atividades de grupos de interesse são consideradas ilegais na esfera dessa instituição. No entanto, há um consenso em torno do fato de que tenha havido uma institucionalização desses grupos de interesse, na medida em que possam ter financiado e secretariado as atividades parlamentares. Segundo os parlamentares europeus do grupo socialista, a maior parte dos "intergrupos"[46] está inteiramente vinculada aos interesses particulares e aos *lobbies* europeus.

A existência desses grupos significa que eles realizam diferentes atividades e que influenciam de diversas formas o Parlamento Europeu. Alguns preenchem todo o secretariado de um comitê, outros ocupam apenas a sua liderança. Alguns restringem sua influência a um único membro do Parlamento, outros a exercem sobre vários. Alguns grupos defendem matérias muito específicas, como os direitos dos empresários da rede de trens de alta velocidade (The High Speed Trains Intergroup), outros preservam setores mais gerais e tentam eliminar todas as barreiras para o livre acesso de mercadorias, serviços e pessoas.

O *Kangaroo* é um bom exemplo de grupo de interesse que mantém uma grande afinidade com os lobistas. Formado por ex-comissários e por simpatizantes do setor industrial, sustenta sua rede de influência a partir de 1985, quando começou a ser implementada a abertura de mercado. Assim, o intergrupo representa a melhor chance para a representação de interesses na União Européia, particularmente para aqueles que dispõem de um papel escassamente garantido. Esses são os casos dos interesses no ramo do turismo, já que o DG XXIII apenas indiretamente o acolhe, e dos interesses dos consumidores que encontram alguma afinidade com o Beuc (Bureau Européen des Unions de Consommateurs).

---

46. Segundo uma estimativa, existem cerca de cinqüenta grupos de interesse interagindo na órbita do PE (Greenwood, 1997, p. 44).

Em outros casos, porém, como o dos interesses da indústria farmacêutica, a invasão de competências e a proposição de emendas fizeram prosperar seus objetivos junto às próprias estruturas institucionais.

A configuração da realidade européia

"Fraude derruba Comissão da União Européia – Relatório sobre irregularidades leva os 20 membros do corpo executivo a renunciar."[47] Meia-noite do dia 16 de março de 1999, instalava-se a maior crise institucional sofrida pelas comunidades européias. Momentos antes da renúncia de todo o corpo executivo, houve a divulgação de um relatório que, elaborado por investigadores independentes, denunciava casos de corrupção na Comissão Européia. Para Jacques Santer, então presidente da Comissão, "à luz do informe, a Comissão decidiu de forma unânime apresentar sua renúncia coletivamente". No dia anterior, o Comitê dos Sábios havia entregado a Santer e ao presidente do PE, José Maria Gil Robles, um informe que relacionava casos de corrupção e de nepotismo na instituição. Para aqueles investigadores, os comissários haviam perdido o controle da administração; isso incluía a responsabilização direta de alguns integrantes, como a comissária francesa Edith Cresson, acusada de mau desempenho e nepotismo, além de omissão de irregularidades sobre o programa de formação de trabalho.

A repercussão dessas denúncias conduziu as mais variadas manifestações. Para o presidente francês Jacques Chirac, favorável ao aprofundamento do processo comunitário, a UE deveria "aprender com essa crise sem precedentes e reformar suas instituições para torná-las

47. Fonte: <http://www.estado.com.br/edicao/pano/99/03/15 int700.html>; acessado em 19/6/2000.

mais eficientes, responsáveis e próximas dos cidadãos". Nesse sentido, para Dawid Owen, ex-chanceler britânico, favorável à integração, mas contrário à unificação monetária, "precisa-se marcar o fim da velha Europa, com seu sigilo, sua falta de democracia e suas tendências integracionistas".

De outro lado, os "eurocéticos" britânicos disparavam: "Esta é uma viagem sem volta para a integração política e para uma Europa não democrática, [...] A União Européia está em colapso e no caos [...]. Foi retirado poder excessivo dos Parlamentos Nacionais" (Bill Cash, parlamentar do partido conservador britânico). Para o também conservador Michael Spicer, a crise em Bruxelas era previsível porque nenhuma das instituições européias – incluindo a Comissão Européia, o Banco Central Europeu e a Corte de Justiça – precisa prestar contas de seus atos.[48]

Por certo, cada uma dessas posições guarda méritos e razões próprias que podem, no entanto, ser associados a alguns fatos político-institucionais. Como escreveu Gilles Lapouge, correspondente europeu do jornal *O Estado de S. Paulo* (17/mar/1999), esse descarrilamento institucional é decorrente de vários acontecimentos anteriores:

> [...] o lançamento do Euro, em janeiro, [...] a política agrícola comum em pane; a Alemanha reclama uma redução da enorme contribuição que ela dá ao orçamento europeu; o homem forte do governo socialista alemão, Oskar Lafontaine, é demitido brutalmente; a dupla abençoada Paris e Bonn, que puxa a Europa há 40 anos, fica desafiante, amarga, a dois passos de

48. Fonte: <http://www.estado.com.br/edicao/pano/9903/16/int709.html>; acessado em 29/6/2000; <http://fws.uol.com.br/folio.pgi/fsp1999.doc/{@1}/hit_headings/words=4/hit_only?>; acessado em 28/6/2000.

> transformar-se numa dupla maldita [...] Europa [que] sofre um paradoxo: está submetida à influência de todos os seus povos e também a uma estrutura hiperatrofiada.[49]

Tais problemas inserem-se na conturbada discussão sobre o futuro da Europa, que envolve temas polêmicos como as reformas nas estruturas das políticas financeira e agrícola e a regulamentação para o ingresso dos novos membros na União Européia.

Essa crise de legitimidade e de credibilidade desencadeou efeitos diretos sobre as eleições para a representação do PE, que ocorreram entre os dias 8 e 13 de junho de 1999. A correspondente européia da *Folha de S. Paulo*, Sylvia Colombo, descreveu assim as expectativas em torno das eleições:

> *Eleições para Europarlamento devem ter abstenção recorde: Segundo as estimativas, só 50% dos eleitores votaram nos 15 países da UE.* A abstenção pode ter atingido recorde histórico nas eleições para o Parlamento [...] Nas últimas eleições, em 1994, o índice de comparecimento foi de 57%. A indiferença em relação às atividades do Europarlamento e a ignorância diante do novo sistema de votação são as principais razões apontadas. Na atual formação do Parlamento, o grupo de centro-esquerda Partido dos Socialistas Europeus é o maior bloco, ocupando 217 das 626 cadeiras. Segundo as primeiras pesquisas de boca-de-urna, grupos de centro-direita devem aumentar a sua representação. O menor índice de comparecimento às urnas deve ser o do Reino Unido (23%), sendo que a maior parte dos votos deve vir de regiões onde o partido conservador é mais forte.

---

49. Fonte: <http://www.estado.com.br/edicao/pano/99/03/16/int711.html>; acessado em 29/6/2000.

Após a apuração, confirmaram-se os prognósticos, que foram descritos desta forma:

> O Partido Popular Europeu (PPE) que congrega partidos de centro-direita, como o Partido Democrata Cristão (CDU) [48,5% dos votos contra 31% do Partido Social-Democrata, do chanceler Gerhard Schroeder] da Alemanha e o Partido Conservador [34% dos votos contra 28% do Partido Trabalhista, do primeiro-ministro Tony Blair] do Reino Unido, passa a acumular 224 cadeiras das 626, enquanto os socialistas obtiveram apenas 180 cadeiras. Os grupos de esquerda e centro-esquerda mantiveram boa performance na França, em Portugal e na Suécia.[50]

Sobre esse assunto, o *Zero Hora*, do estado do Rio Grande do Sul, em 15/jun/1999, publicou o seguinte artigo:

> *Parlamento Europeu – Democratas-cristãos vencem socialistas – índice de abstenção nas eleições chegou a 76%* [...]. O pleito se caracterizou também pela abstenção recorde de 53%, chegando a 76% na Grã-Bretanha. A ausência de paixão pela União Européia, considerada distante e tecnocrática por seus cidadãos, e a falta de carisma dos seus líderes do Parlamento Europeu explicam o desinteresse dos eleitores. Pela primeira vez em 20 anos de eleições diretas para o Parlamento Europeu, o PPE terá 30 cadeiras a mais que os socialistas. A vitória dos Democratas-Cristãos se apresenta como a maior força da Europa.

50. Fonte: <http://fws.uol.com.br/folio.pgi/fsp1999.doc/{@21}/hit_headings/words=4/hits_only? >; acessado em 19/6/2000.

Além da crise institucional, a adoção do euro encabeça a lista da razões que derrotaram as forças integracionistas nas urnas. Apesar de ter se conservado forte num determinado segmento do mercado,[51] o euro, até aquele momento, havia perdido 11% de seu valor a contar da data de seu lançamento (1/jan/1999).[52]

Além da desvalorização da moeda comum, a assinatura, às vésperas das eleições, do acordo "Terceira Via, o novo centro", sob o *slogan* "menos regulamentação e mais flexibilidade", pelas duas das principais lideranças partidárias européias, as esquerdas socialista alemã e trabalhista britânica, contribuiu para o desencadear daquele resultado.

---

51. Os títulos de dívida emitidos pelo mercado europeu acumulavam o dobro do valor correspondente ao mesmo período no ano anterior, se somados os números das onze moedas substituídas.

52. A desvalorização da moeda européia em quase 1/3 do valor de lançamento (de janeiro de 1999 até setembro de 2000) em relação ao dólar, acumulando entre abril e setembro de 2000 uma desvalorização de 12%, levou os bancos centrais dos EUA, Japão e Europa a reunirem-se e realizarem uma ação coordenada em prol de sua valorização. Nesse sentido, a intervenção é eficaz, porque inibe a especulação e mostra quais são os limites da "livre flutuação cambial" no mundo do livre mercado. De fato, essa intervenção não altera a realidade: para um investidor europeu, é mais rentável comprar dólares e aplicar nos EUA. A discrepância entre as taxas de juros européia (4,5% ao ano) e americana (6,5%) possibilitou que houvesse um fluxo de dinheiro para fora dos onze países que compõem a Eurolândia em cerca de US$ 150 bilhões em 1999, o que está na raiz da desvalorização do euro (Pilagallo, 2000). Uma pesquisa com sete países dos doze da zona do euro (a Grécia ingressou em 1/jan/2001), realizada pelo *El País* (2001a) e outros sete jornais espanhóis, mostrou que apenas 41% dos entrevistados sentem-se satisfeitos com a chegada da nova moeda. Dentre esses, espanhóis, alemães e holandeses são os cidadãos europeus mais preocupados e mais desconfiados com a moeda única. Desses, 48% dos espanhóis se encontram "insatisfeitos" ou "muito insatisfeitos" com a chegada do euro, enquanto apenas 29% dos alemães estão "satisfeitos" com a implementação. Já os britânicos mantêm a posição majoritária de não se desfazer de sua moeda nacional (62%).

A contraditória realidade européia também pode ser observada na condução de duas das mais importantes políticas européias: a Política Agrícola Comum e a Política de Imigração, justamente porque engendram preocupações das duas maiores potências da União: França e Alemanha, respectivamente.

Enquanto a Política Agrícola Comum continua a consumir cerca de 46% das despesas do orçamento da União (2001) (ver Gráfico 2) e a beneficiar principalmente a França, à Alemanha resta condicionar a sua colaboração orçamentária excessiva ao aumento da margem de despesas provenientes dos Fundos Estruturais (ver Tabela 3), com a finalidade de beneficiar a região sudeste de seu país, porta de entrada para os imigrantes do Leste Europeu.

Apesar da desaprovação francesa, no que se refere à redistribuição de recursos, uma reforma na política agrícola e alimentar européia parece estar cada dia mais próxima. Os últimos acontecimentos envolvendo a carne européia:[53] a "doença da vaca louca", que em 1996 foi detectada na carne britânica, e a febre aftosa, que no início de 2001 desembarcou no Reino Unido, conduziram a uma mudança nas normas sanitárias e de fiscalização (Le Guen, 2001).

53. Países europeus, como Reino Unido, Portugal, França, Alemanha, Bélgica, Irlanda e Holanda, tiveram suas exportações de carne interditadas por suspeita de encefalopatia espongiforme bovina (EEB) ou "doença da vaca louca". As conseqüências da epidemia produziram um forte impacto na opinião pública européia. Segundo pesquisa do *El País* e de outros sete jornais espanhóis, mais de 2/3 dos entrevistados manifestaram-se muito ou bastante preocupados com os problemas de segurança alimentar decorrentes dessa crise. A Alemanha é, dentre os países da UE, o Estado mais preocupado com a crise. Cerca de 86% dos alemães encontram-se muito ou bastante preocupados, e o consumo de carne, que em média caiu 27% na Europa, na Alemanha caiu 45%, provocando a queda dos ministros da Agricultura e da Saúde (*El País*, 2001b).

A implementação de uma política de imigração eficaz, aliada à elaboração de uma política de emprego européia e à abertura da União para novos membros do Leste Europeu, reflete as necessidades da Alemanha: um país dividido entre o desemprego populacional e a expansão comercial. A abertura do mercado de trabalho na União Européia para 39 milhões de poloneses causa profunda preocupação para os alemães do leste, que já enfrentam uma taxa de desemprego de 17%, mais que o dobro do desemprego do oeste, cerca de 7,4%. Por sua vez, empresas, economistas e administradores especializados em recursos humanos afirmam que a abertura para novos membros transformará a região em uma rota de expansão do mercado exportador europeu, o que deverá proporcionar o desenvolvimento industrial da região (Atkins, 2000). Além de defender essa posição na Cúpula de Tampere, na Finlândia, o governo alemão manifestou-se quanto ao critério utilizado na reforma institucional, que deverá ocorrer com base na ampliação para os novos membros. Segundo Stefano Bruzzone, representante do Ministério das Relações Exteriores alemão, a questão central é evitar que o critério de representação dos Estados nacionais sobreponha-se ao critério demográfico nos procedimentos de decisão da Comissão, do Conselho de Ministros e do Parlamento Europeu. Caso contrário, tornar-se-á ainda mais difícil para os grandes da União Européia aprovarem suas decisões políticas, ante a capacidade de bloqueio dos pequenos países nas votações da Comissão.[54]

Para os pequenos, a proposta de reforma institucional apresentada pelo governo francês na Cúpula de Nice, em dezembro de 2000, foi considerada um "golpe de estado dos grandes". Segundo o premiê holandês Wim Kok, a proposta de ponderação de votos no âmbito do

---

54. Fonte: <http://fws.uol.com.br/folio.pqi/fsp1999.doc/{@}21}hit headings/words=4/hits only?>; acessado em 19/6/2000.

Conselho da União, que iguala e sopesa a representação dos quatro grandes (Alemanha, França, Reino Unido e Itália) é considerada "impublicável" (Ansef, 2000).

No lado de fora do Palais Acropolis, à parte das disputas governamentais, cerca de 60 mil manifestantes protestavam contra as intenções integracionistas: "Não queremos perder o direito soberano sobre o nosso próprio país!", afirmava um cidadão alemão. "A integração do continente é apenas mais uma forma de dominação do capitalismo sobre os trabalhadores!" (Chade, 2000), defendia um norueguês. Enquanto sindicalistas, ambientalistas, anarquistas, neonazistas, separatistas bascos e comunistas manifestavam-se contra os efeitos da globalização e da integração européia, a assinatura da Carta Européia de Direitos Fundamentais, contendo direitos sociais e sindicais, tentava arrefecer os ânimos e demonstrar que as divergências poderiam ser superadas quando se trata de "reforçar os direitos dos cidadãos". Essa tentativa mereceu, no entanto, crítica imediata dos manifestantes: "a Carta não representa um avanço real na política social da Europa, já que os Estados signatários não serão obrigados a segui-la. Amanhã estaremos aqui de novo e queremos ser ouvidos". Como referiu G. Lapouge (8/dez/2000), pelo menos nesse sentido, deve-se agradecer aos "aiatolás" da globalização ou aos "fanáticos" da Europa, pois foram seus excessos incompetentes e isolacionistas e seus desprezos desdenhosos por aqueles que não têm voz que acabaram dando forma àquelas coletividades difusas chamadas "opinião pública européia" e "povo europeu".

Tabela 1 ▪ Parlamento Europeu: cotas e desigualdade na representação – 1975

País	População (milhões)	Repres. pop. por cadeira (mil)	Nº de cadeiras por país no PE	Nº de cadeiras por país conf. Repres. Prop.	Percentual de repres. por cadeira no PE	Diferença de repres. no PE
Alemanha	81.180	820.000	99	139	140,17	3,41
Reino Unido	58.290	670.000	87	100	114,53	2,79
França	57.855	665.000	87	99	113,67	2,77
Itália	56.985	655.000	87	97	111,96	2,73
Espanha	39.040	610.000	64	67	104,27	2,54
Média		**585.000**			**100**	
Países Baixos	15.345	495.000	31	26	84,72	2,06
Grécia	10.375	415.000	25	18	70,94	1,73
Bélgica	10.125	405.000	25	17	69,23	1,69
Portugal	9.875	395.000	25	17	67,52	1,65
Suécia	8.580	390.000	22	15	66,66	1,63
Áustria	7.770	370.000	21	13	62,18	1,54
Dinamarca	5.200	325.000	16	9	55,55	1,35
Finlândia	4.960	310.000	16	8	52,99	1,29
Irlanda	3.600	240.000	15	6	41,03	1,00
Luxemburgo	390	65.000	6	1	11,11	
UE	366.210	585.000	626			

Fonte: Quadro demonstrativo adaptado a partir de Sospedra (2000, p. 65).

Tabela 2 ▪ Representação por conjunto de países – 1975

Países	População (milhões)	Percentual de população repres.	Nº de cadeiras no PE	Percentual de repres. por cadeira no PE
Países grandes	293.350	80,10	424	67,73
Países pequenos	72.860	19,90	202	32,27

Fonte: Sospedra (2000, p. 67).

Quadro 5 ▪ Procedimento de decisão no âmbito da União Européia e dos Estados-membros

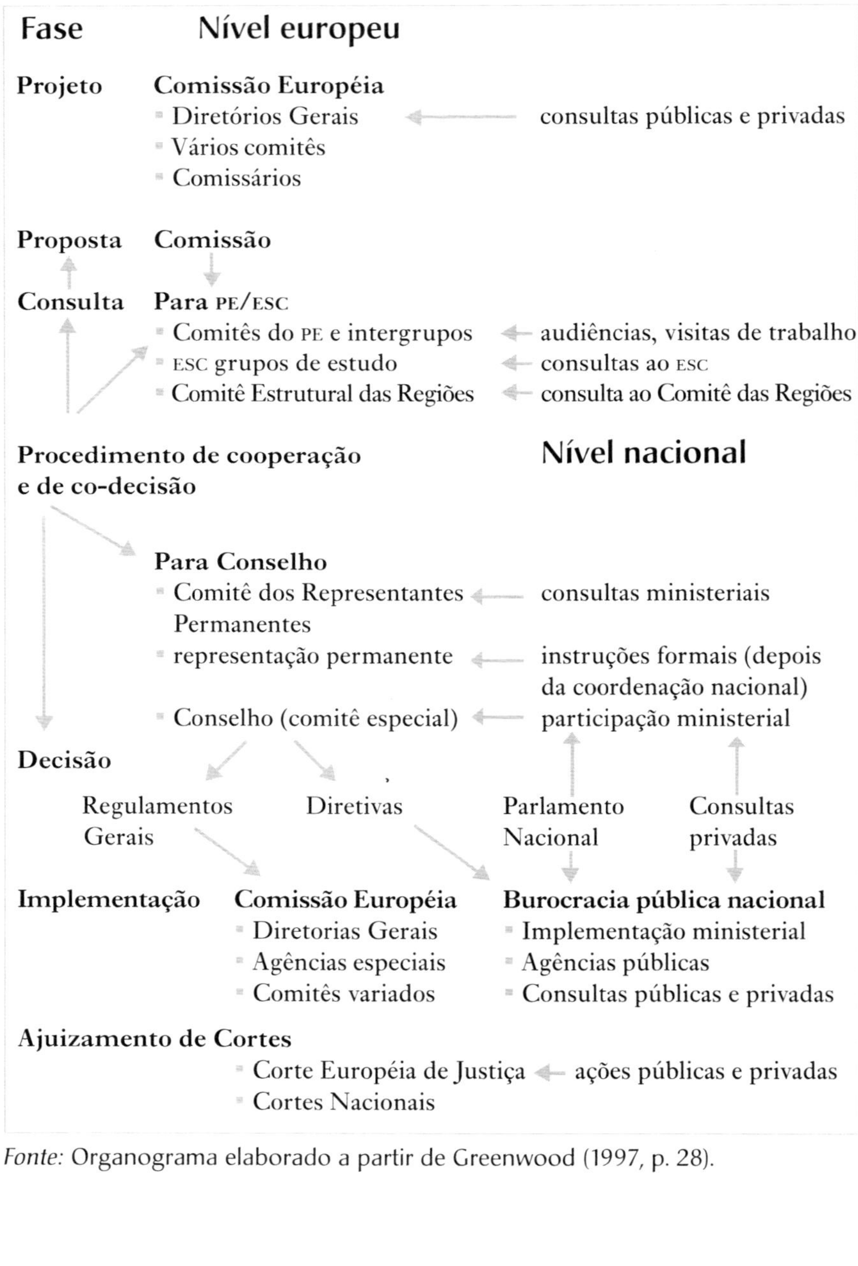

Fonte: Organograma elaborado a partir de Greenwood (1997, p. 28).

Quadro 6 ▪ Representação de interesses na União Européia

Interesse agregado	Rota	Voz	Alvo
1. Individual (empresas) 2. Coalizões (fora da estrutura européia) (funcionais e territoriais) 3. Grupos de interesses formais (fora da estrutura européia) (funcionais e territoriais)	Predominantemente uma política local ou de nível nacional	Auto-representável ou representação coletiva	Comissão e estruturas satélites; Conselho de Ministros; Parlamento; Comitê Econômico e Social; Comitê das Regiões; outras instituições européias e estruturas coordenadas
4. Interesse local em escritórios europeus	Influenciam o nível europeu via contatos nacionais		
5. Coalizões européias específicas (coletividade informal)		*Lobbies* comerciais	
6. Grupos de interesse formalmente reconhecidos na estrutura européia	Estratégia européia via Bruxelas		Estruturas autônomas e instituições que criam os *standards* europeus
7. Associações internacionais com escritório europeu	Relatórios consultivos externos		Ação junto às Cortes

Fonte: Quadro demonstrativo adaptado a partir de Greenwood (1997, p. 51).

Gráfico 1 ▪ Orçamento europeu: receitas 2001

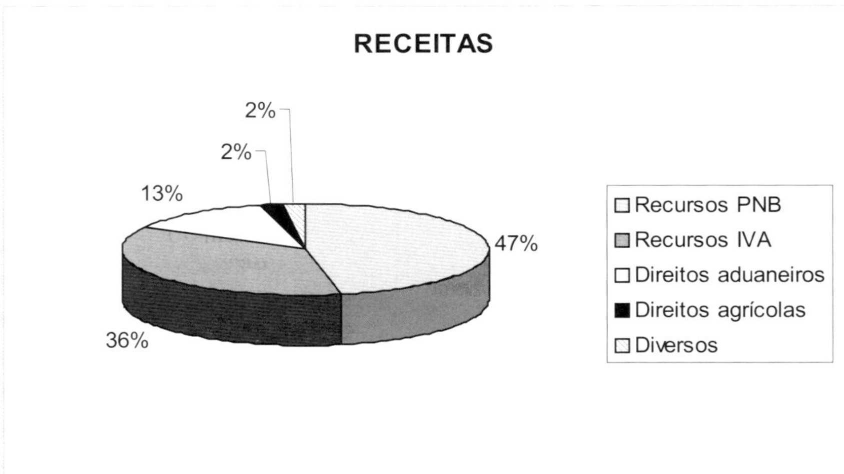

Fonte: Gráfico demonstrativo adaptado a partir de *Le Monde* (2002).

Gráfico 2 ▪ Orçamento europeu: despesas 2001

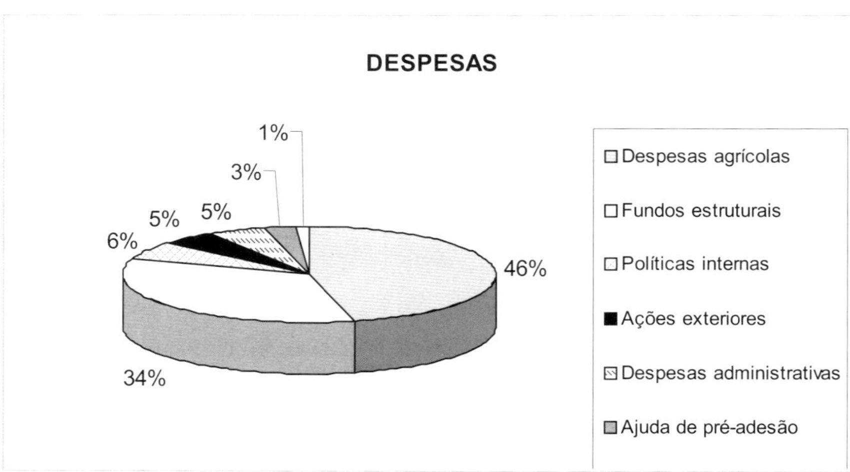

Fonte: Gráfico demonstrativo adaptado a partir de *Le Monde* (2002).

Tabela 3 ▪ Dotações dos Fundos Estruturais* por Estados e objetivos (período 1994-1999) (em milhões de ecus**)

Estados-membros	Objetivo 1	Objetivo 2 (1994-96)	Objetivos 3 e 4	Objetivo 5a	Objetivo 6
Grécia	13,98 15%	–	–	–	–
Espanha	**26,30** **28%**	1,13 15%	1.843 12%	0,44 10%	–
Irlanda	5,62 6%	–	–	–	–
Portugal	13,98 15%	–	–	–	–
Bélgica	0,73 1%	0,16 2%	0,465 3%	0,19 1%	–
Alemanha	**13,64*(1)*** **15%**	0,73*(2)* 10%	1.942*(3)* 13%	1.143 18%	–
França	2,19 2%	**1.765*(4)*** **24%**	**3.203** **21%**	**1.932*(5)*** **33%**	–
Itália	**14,86** **16%**	0,68 9%	1.715 11%	0,81 13%	–
Países Baixos	0,15 0%	0,3 4%	1.079 7%	0,16 2%	–
Reino Unido	2,36 3%	**2.142** **29%**	**3.377** **22%**	0,45 12%	–
Dinamarca	–	0,05 1%	0,30 2%	0,26 1%	–
Luxemburgo	–	0,007 0%	0,02 0%	0,04 0%	–
Suécia	–	0,16 2%	0,52 3%	0,20 2%	0,252 35%

Estados-membros	Objetivo 1	Objetivo 2 (1994-96)	Objetivos 3 e 4	Objetivo 5a	Objetivo 6
Finlândia	–	0,18 2%	0,343 2%	0,354 3%	0,46 65%
Áustria	0,16 0%	0,10 1%	0,395 3%	0,38 6%	–
Total de recursos europeus por objetivos	**93.976** **100%**	**7.420** **100%**	**15.206** **100%**	**6.402** **100%**	**0,712** **100%**

Fonte: Quadro demonstrativo adaptado a partir de *Les guides de l'Union européenne* (1999).

* A repartição e as transferências financeiras que beneficiam as regiões se fazem por meio de cinco fundos Europeus: o Fundo Europeu de Desenvolvimento Regional (Feder) (infra-estrutura, investimentos produtivos e projetos de desenvolvimento local), o Fundo Social Europeu (FSE) (Inserção e formação profissional), o Instrumento Financeiro de Orientação da Pesca (Ifob) (adaptação e modernização do setor), o Fundo Europeu de Orientação e Garantias Agrícolas (Feoga) (financiamento e desenvolvimento de ações rurais) e o Fundo de Coesão (especializado em projetos de infra-estrutura e desenvolvimento de transportes para Espanha, Grécia, Irlanda e Portugal).

** Uma unidade de referência *ecu* equivale a 1 unidade monetária de euro. O euro tornou-se unidade de referência para os onze países que participam da terceira fase de implementação da União Econômica Monetária (UEM) em 1º de janeiro de 1999; a moeda entrou em circulação em 1º de janeiro de 2002. (ver quadro 1)

Legenda:

Objetivo 1: recursos aplicados em regiões de desenvolvimento precário, cujo PIB médio por habitante é inferior a 75% da média comunitária. Necessitam de investimentos diretos na geração de emprego e infra-estrutura para propiciar o desenvolvimento econômico, incluindo transportes, telecomunicações e energia.

Objetivo 2: recursos aplicados em regiões cuja taxa de desemprego é superior à média comunitária e onde há um declínio da estrutura industrial. Necessitam de qualificação dos equipamentos, reabilitação e requalificação dos trabalhadores.

Objetivos 3 e 4: recursos destinados aos Estados que enfrentam a luta contra o desemprego duradouro, pela inserção profissional da juventude e pela integração de pessoas excluídas do trabalho. Também destinam-se à requalificação de pessoal para adaptação ao sistema de produção, com o objetivo de prevenir o desemprego.

Objetivo 5a: recursos destinados aos Estados que necessitam adaptar suas estruturas agrícolas e de pesca, preparando-as para uma reforma da Política Agrícola Comum.

Objetivo 6: recursos para desenvolvimento de áreas escassamente povoadas, com densidade inferior a oito habitantes por km^2.

(1) Cidadãos que vivem nas regiões leste e sudeste da Alemanha e que enfrentam a concorrência do mercado negro de trabalho, principalmente de origem polonesa. *(2)* e *(3)* Indústrias das regiões leste e sudeste da Alemanha padecem de infra-estrutura. Incapazes de competir no mercado europeu, preferem demitir seus empregados. O custo de um trabalhador alemão é, em média, 50% superior ao custo de outros países europeus. Profissionais são excluídos do mercado em razão da concorrência ilegal. À legalização da abertura de fronteiras importa qualificar esse empregado e readaptá-lo às novas condições de trabalho, sem a desregulamentação de seus direitos trabalhistas.

(4) e *(5)* A França concentra investimentos nas zonas agrícolas, na requalificação de agricultores e na reconversão de culturas, preparando-se para a reforma agrícola européia.

Conclusão

Resta clara a definição de pelo menos dois *universos simbólicos* distintos que se inter-relacionam por meio de categorias conceituais comuns. Coube a este trabalho demonstrar que a relação entre o conteúdo material e o conteúdo formal do termo democracia encontra-se dissociada. Essa desvinculação do "real" encontra-se refletida na escolha dos princípios que fundamentaram a formação da "teoria da separação dos poderes" e potencializada na organização da estrutura institucional comunitária européia, sob a forma de *déficit democrático*.

Guardadas as devidas ressalvas de espaço e tempo, foi possível realizar uma análise dos arcabouços teóricos do "princípio da separação dos poderes" (*Do espírito das Leis*, – 1748), de Montesquieu, e do "princípio do equilíbrio institucional" adotado pelos tratados comunitários europeus ao longo desses cinqüenta anos de processo.

É com base nessa análise que se pode afirmar a existência de uma certa similitude na pretensão de ambos os sistemas jurídico-políticos. É com a finalidade de preservar uma ordem específica de resultados para determinados atores sociais, que se criaram verdadeiros aparatos institucionais, cada qual patrocinado pelo seu respectivo mecanismo teórico-discursivo. Nesse sentido, foi identificado o objetivo comum de afastar qualquer espécie de controle e de fiscalização popular. Para isso, recorreu-se à fundamentação retórico-argumentativa.

No século XVIII, a obra de Montesquieu refletiu a agonia de uma classe decadente. Reconhecendo a inevitável ascensão dos ideais burgueses, Montesquieu tratou de combinar, em uma fórmula inédita, antigas e novas categorias conceituais ordenadas numa lógica sistêmica. Para salvaguardar os interesses de sua classe – a aristocracia–, ele elaborou uma teoria que a justificasse e a naturalizasse premissa daquele silogismo.

Assim, a tradicional organização institucional da monarquia temperada recebeu uma nova roupagem, que foi instrumentalizada pelo método racionalista moderno. Esse estratagema atualizou a estratificação social da época do *glamour* aristocrático e, por meio da inovadora forma de distribuição de poder, garantiu a ela a existência e a permanência no sistema.

O equilíbrio entre as classes sociais, representado pela mútua dependência entre o rei e a nobreza, foi a solução teórica para uma questão prática. Com esse artifício jurídico-político, consagrou-se a indispensabilidade de uma casta.

O aparato teórico-jurídico tratou de definir os pressupostos para a efetivação dessa aliança. Foi necessário desconcentrar o poder real a partir da implementação do princípio da "separação de poderes". Segundo a teoria de Montesquieu, o Executivo monárquico deveria ser limitado por normas constitucionais – as *leis fundamentais* –, e o Legislativo bicameral, que representaria a nobreza e o povo burguês, predominantemente, exerceria a função democrática ao preocupar-se em veicular os "desejos populares".

A lógica racionalista aplicada à revitalização de antigas premissas encontra-se descrita na dinâmica *princípio/natureza* que permeia e fundamenta toda a obra do autor francês. Nesse sentido, a idéia de restaurar uma suposta *unidade interna* pode ser identificada como um argumento retórico que apenas visou a justificar a retomada da posição dominante no pólo daquela relação de poder.

Dessa forma, o "ser" do *princípio* montesquiano, materializado na participação política popular, é, ao longo de toda a teoria, incessantemente submetido ao "dever ser" da *natureza* da espécie de governo, formalizada juridicamente. Essa ordem hierárquica pode ser verificada quando autor elege a nobreza, e a "república dos notáveis" na figura institucional da Câmara Alta, como o órgão intermediário e canalizador de seus próprios interesses, como foi o caso da isenção de impostos sobre a renda. Nesse sentido, a burocratização legislativa e a elitização representativa pelo voto censitário foram mecanismos eficazes para a conservação dos efeitos antidemocráticos.

A ideologia do constitucionalismo, centrada na lógica do povo como titular do poder constituinte soberano, consagra formalmente a dicotomia entre "ser" e "dever ser" dos princípios e da natureza democrática, na medida em que faz do princípio político da participação e da construção constitucional uma natureza jurídica, dissolvida na obediência à supremacia constitucional.

Em 1950, a Declaração Schuman representou os interesses dos países europeus que buscavam encontrar uma saída para a crise econômica desencadeada no pós-guerra. Com o aval da comunidade internacional, a proposta de unificação comercial européia veio a ser firmada, e a "Europa dos Seis" passou a gerir a internacionalização do Vale do Ruhr. Enquanto as economias nacionais tratavam de satisfazer os pressupostos da "liberalização de mercados", ampliando o intercâmbio de matérias-primas, Jean Monnet e Robert Schuman apresentavam ao mundo científico um *novo paradigma* para as relações internacionais: alianças estatais tão estreitas, capazes de formar um "Estado federal europeu" ou os "Estados Unidos da Europa".

De fato, nesse *novo paradigma* encontra-se a defesa de um velho objetivo: o esvaziamento da participação democrática popular. E a inovadora fórmula do "equilíbrio institucional comunitário", garantida pelos Tratados das Comunidades, atualiza bem mais o mito da "separação de poderes". A dificuldade de controle dos Executivos, nas pessoas jurídicas do Conselho Europeu, Conselho de Ministros e Comissão, é tornada uma constante, e a instituição parlamentar européia nem mesmo detém a exclusividade na função legislativa.

A criação do paradigma comunitário forneceu uma solução teórica para os problemas práticos gerados pelas perdas concorrenciais de algumas empresas de determinados setores, como foi o caso da Esprit e o desenvolvimento tecnológico de *softwares*.

Os tratados e seus respectivos aparatos teórico-jurídicos institucionalizaram a ausência de legitimidade democrática européia. Retiraram do Parlamento Europeu a identidade partidária e a representatividade popular, garantidas nas constituições nacionais pelo princípio do sufrágio universal, e fundaram a retórica da progressiva transferência de competências dos Parlamentos Nacionais como a única forma de fortalecer aquela instituição.

O acesso do cidadão europeu às instituições européias tornou-se restrito aos eurogrupos da Comissão e aos intergrupos parlamentares. No entanto, a maior parte dos interesses comerciais envolvidos, cerca de 2/3 de todos os grupos de pressão com sede em Bruxelas, encontra-se freqüentemente vinculada ao uso de *lobbies*, mecanismos informais de intermediação. A utilização das chamadas "rotas nacionais" e das "rotas européias" favorece a articulação direta ou indireta, via instituições supranacionais, de grupos de interesse nacionais.

A "república dos notáveis" comunitária passou a ser exercida pelos integrantes das Diretorias Gerais da Comissão e pelos membros dos Comitês de Representantes Permanentes do Conselho de Ministros. O aparato teórico-político é realizado pelos discursos inflamados de líderes políticos, Chefes de Estado e de Governo europeus a favor de um aprofundamento integracionista, nos moldes de uma *cooperação reforçada*.

A dicotomia "ser" e "dever ser" encontra-se validada no sofisma da legitimidade institucional democrática européia. Ao longo de todo o processo comunitário, percebe-se que a materialização democrática, sob a forma de benefícios públicos, sob a forma de ampliação participativa, restou inconsubstanciada. E a presunção de efetividade comunitária, a partir da garantia jurídica constitucional, dos valorosos pressupostos de liberdade, igualdade e autodeterminação nacional, sofre sérios abalos, vide as respostas dos governos nacionais às manifestações populares européias no âmbito das cúpulas comunitárias.

A Europa real resiste ao *referendum* popular europeu. Prefere burocratizar o processo decisório, até não mais encontrar uma área de competência definida, e rejeita a transparência de seus atos normativos e a publicidade de suas agendas e de seus encontros.

Desse modo, subsiste a comprovação da hipótese principal de que o *déficit democrático europeu* é de fato reflexo do *déficit democrático estatal*, resultante das relações jurídico-políticas propostas.

Essa eficácia política é cotidianamente reproduzida e inevitavelmente mediada pela estrutura desigual dos termos da relação comunicacional. Assim, sob os auspícios da lógica argumentativa, criam-se os "universos simbólicos", a partir de fenômenos sociais vinculados a definições privatistas, que encobrem um juízo de valor subjetivo. Como ressalva o sociólogo Pierre Bourdieu, a formação de uma "crença coletiva" sobre a necessidade dos chamados "consensos" induz à manutenção de uma relação de poder. Nesse sentido, resta descaracterizada a realidade de mundo social e dissuadida a verdade sobre a dominação e o inerente espaço de conflito em que vivemos.

Referências bibliográficas

Obras e artigos

ALBUQUERQUE, J. A. G. "Montesquieu: sociedade e poder". In: WEFFORT, F. C. (org.). *Os clássicos da política.* 12.ed. São Paulo, Ática, v.1, 1999 (Fundamentos, 62).

ALTHUSSER, L. *Montesquieu, a política e a história.* Trad. Luiz Cary e Luisa Costa. Lisboa, Presença, 1972.

ANDRADE, V. R. P. de. "Cidadania, DH e democracia: reconstruindo o conceito liberal de cidadania". In: PEREIRA E SILVA, R. (org.). *Direitos Humanos como educação para justiça.* São Paulo, Ltr, 1998.

ARRIBAS, J. J. M. "Panorama competencial del Parlamento de la UE". In: *Noticias de la UE.* Valencia, 1994, p.9-21.

AUBERT, M. J. *Ciudadania y representatividad – los sistemas electorales en Europa.* Barcelona, Bellaterra, 2000.

AVRITZER, L. "Teoria democrática e deliberação pública". In: *Revista Lua Nova,* São Paulo, 2000, n.50, p.25-46.

BACHELARD, G. *O novo espírito científico.* Trad. A. J. P. Ribeiro. Lisboa, Edições 70, 1986.

BASSO, M. (org.). *Mercosul – seus efeitos jurídicos, econômicos e políticos nos Estados-membros.* 2.ed. Porto Alegre, Livraria do Advogado, 1997.

BELLAMY, R. & CASTIGLIONE, D. "The uses of democracy – reflections on the European democratic deficit". In: ERIKSEN, E. O. (org.). *Democracy in the European Union: integration through deliberation?* Londres, Rouledge, 2000, p.65-84.

BOURDIEU, P. *A reprodução.* Rio de Janeiro, Francisco Alves, 1992.

CAMPOS, J. *Direito comunitário.* 3.ed. Lisboa, Fundação Calouste Gulbenkian, v.1, 1986.

CAMPOS, P. B. "Ciudadanía europea y legitimidad democrática". In: *Revista Estudios Europeos*, Valladolid, 1995, n.9, p.3-12.

CAPRA, F. *A teia da vida.* Trad. Newton R. Eichemberg. São Paulo, Cultrix, 1996.

CARRAHER, D. W. *Senso crítico: do dia-a-dia às ciências humanas.* São Paulo, Pioneira, 1983.

CASELLA, P. *Comunidade Européia e seu ordenamento jurídico.* São Paulo, Ltr, 1994.

CAUBET, C. "O mito da separação dos poderes". In: Anais do I Congresso da Justiça Federal – Poder Judiciário e a Constituinte. Florianópolis, em 24/ago/1986. (mimeo).

CHÂTELET, F. et al. *História das idéias políticas.* Trad. C. N. Coutinho. Rio de Janeiro, Zahar, 1985.

CHAUÍ, M. *História do povo brasileiro.* São Paulo, Fundação Perseu Abiamo, 2000.

CHESNAIS, F. *A mundialização do capital.* Trad. Foá S. F. São Paulo, Xamã, 1996.

CHRYSSOCHOOU, D. N. *Democracy in the European Union.* Londres, JB Tauris, 2000.

DEL POZO, C. M. *Manual de Derecho de la Comunidad Europea.* 3.ed. Madri, Trivium, 1997.

DOSI, G. et al. *Technical change and economic theory.* Londres, Macmillan, 1988.

DUARTE Júnior, J-F. *O que é realidade?* 4.ed. São Paulo, Brasiliense, 1986. (Primeiros Passos, 115).

FERRAZ, L. "Controle Externo e o Direito da Integração". In: *Revista Trimestral de Direito Público*, São Paulo, 1999, n.20, p.165.

FERRER, A. *Hechos y ficciones de la globalización.* Buenos Aires, FCE, 1998.

GARCÍA, P. de V. "Mundialización y derecho constitucional: la crisis del principio democrático en el constitucionalismo actual". In: *Revista Estudios Políticos*, Madri, abr-jun/1988, n.100, p.7-56.

GREENWOOD, J. *Representing interests in the European Union*. Londres, Macmillan, 1997.

HUMAN RIGHTS AND THE 1996-7 INTERGOVERNAMENTAL CONFERENCE. *The democratic deficit*. Informe Justice. Londres, LSE Library, 1997. (Coll 7162).

IANNI, O. *Teorias da globalização*. 3.ed. São Paulo, Civilização Brasileira, 1995.

INDA, A. *La violencia de las formas jurídicas: la sociología de poder y el derecho de P. Bourdieu*. Barcelona, Cedece, 1997.

JIMENEZ, M. L. O. "La comprensión de la noción de derecho comunitario para una verdadera integración en el Cono Sur". In: BASSO, M. (org.). *Mercosul – seus efeitos jurídicos, econômicos e políticos nos Estados-membros*. 2.ed. Porto Alegre, Livraria do Advogado, 1997, p.33-101.

JOFFILY, B. "A burguesia demorou para consolidar o seu poder". In: *Princípios: Anita Garibaldi – Edição Especial: 130 anos da Comuna de Paris*. abr/2001, p.28-33.

KUHN, T. *A estrutura das revoluções científicas*. Trad. B. V. Boeira. São Paulo, Perspectiva, 1975. (Debates-Ciência, 115).

LIMA, A. "Faltou unidade de comando para a guerra popular". In: *Princípios: Anita Garibaldi – Edição Especial: 130 anos da Comuna de Paris*. abr/2001, p.13-4.

LIMONGI, F. P. "O federalista: remédios republicanos para males republicanos". In: WEFFORT, F. C. (org.). *Os clássicos da política*. 12.ed. São Paulo, Atlas, 1999, p.246-7. (Fundamentos, 62).

LODGE, J. EC: "European Community Policymaking: institucional considerations". In:__________. (org.). *The European Community and the challenge of the future*. Nova York, St. Martin's, 1989a, p.26-79.

__________. "The European Parliament – from the Assembly to co-legislative: changing the institucional dynamics". In:__________. *The European Community and the challenge of the future*. Nova York, St. Martin's, 1989b.

__________. "Legitimidad democrática y el Parlamento Europeo". *Revista Estudios Políticos*, Madri, out-dez/1995, n.90, p.221-42.

LOPEZ, L. R. *História do século XX*, 3.ed. Porto Alegre, Mercado Aberto, 1987.

MATEO, M. T. B. & GARCÍA, E. M. "Principio de subsidiariedad y déficit democrático, fatores claves en el debate sobre la atribución de competencias a la Unión Europea". In: *Revista Noticias de la Unión Europea*. Valencia, 2000, p.9-23.

MIAILLE, M. *Uma introdução crítica ao direito*. Lisboa, Moraes, 1979.

__________. "Crítica das concepções jurídicas do Estado". In: PLASTINO, C. A. (org.). *Crítica do Direito e do Estado.* Rio de Janeiro, Graal, 1984.

MONTESQUIEU. *De l'esprit des lois.* Trad. L. L de Oliveira, Paris, Garnier Frères, t.1, 1973.

MONTOYA, M. J. F. del. *El control interinstitucional en la Unión Europea*. Madri, Vitoria, Gasteiz Ararteko, 1996.

MORATA, F. "Influir para decidir: la incidencia de los lobbies en la Unión Europea". In: *Revista Estudios Políticos,* Madri, out-dez/1995, n.90, p.129-46.

NOUSCHI, M. *Em busca da Europa*. Lisboa, Instituto Piaget, 1994.

OLIVEIRA, O. M. *União Européia*. Processo de integração e mutação. Curitiba, Juruá, 1999.

ORTIZ, R. *Sociologia: Pierre Bourdieu*. Trad. P. Monteiro. São Paulo, Ática, 1983.

OSSORIO, J. S. et al. "Los debates sobre el procedimiento electoral uniforme y las características diferenciales de las elecciones europeas". In: *Revista Estudios Políticos*, Madri, out-dez/1995, n.90.

PALMA, M. J. "Desenvolvimentos recentes na União Européia: o Tratado de Amsterdã". In: *Revista jurídica Blumenau*, Blumenau, 1999, n.4/5, p.139-54.

PASTOR, R. V. *La reforma del proceso de toma de decisiones comunitario en el Tratado de Amsterdam.* Valencia, Tirant lo Blanch, 2000.

PEREIRA, B. "Estado, sociedade civil e legitimidade democrática". In: *Revista Lua Nova,* São Paulo, 1995.

PESCATORE, P. *Derecho de la integración: nuevo fenómeno en las relaciones internacionales*. Buenos Aires, Intal/BID, 1973.

PLEBE, A. & EMANUELE, P. *Manual de retórica.* Trad. E. Brandão. São Paulo, Martins Fontes, 1992.

PRAG, D. *Democracy in the European Union.* Foreword by the RT Hon Lord Kingsland QC. Londres, Action Center for Europe, 1998.

QUADROS, F. *Direito das Comunidades Européias.* Lisboa, AAFDI, 1983.

ROCHA, E. *O que é mito?* São Paulo, Brasiliense, 1999. (Primeiros Passos, 151).

ROCHA, L.S. *Epistemologia jurídica e democracia*. Porto Alegre, Unisinos, 1998.

RUBY, C. *Introdução à filosofia política*. Trad. Maria L. F. R. Loureiro. São Paulo, Editora Unesp, 1998.

SABINE, G. H. *História das teorias políticas*. Trad. Ruy Jungamann. Lisboa, Fundo de Cultura, v.2, 1964.

SCHILLING, V. *Confrontos: o pensamento político alemão*. Porto Alegre, UFRGS, 1996. (Síntese Universitária, n. 49).

SCHMITT, C. *The Leviathan in the state theory of Thomas Hobbes*. Londres, Greenwood Press, 1992.

SOSPEDRA, M. M. *La reforma del Parlamento Europeo: ciudadanía, clave de representación y elección europea*. Valencia, Tirant lo Blanch, 2000.

TAVARES, G. A. "A teoria da representação política do governo de Assis Brasil". In: *A democracia representativa na república*. Brasília, Fac-similar, 1998.

TEASDALE, A. & HUXHAM, Q. A Bow Group Memorandum, 199[illegible].

THE TINDEMANS GROUP. *The Tindemans group informe*. Madri, Mundi-Prensa, 1996.

TORRES, J. C. B. *Figuras do Estado moderno – representação política no Ocidente*. São Paulo, Brasiliense, 1989.

UNIVERSITY ASSOCIATION FOR CONTEMPORARY EUROPEAN STUDIES (Uaces). *Pressure groups and European Community decision making*. Londres, Uaces-King's College, 1985.

VIEIRA, L. *Cidadania e globalização*. 2.ed. Rio de Janeiro, Record, 1997.

WARAT, L. A. *O direito e sua linguagem*. 2.ed. Porto Alegre, Sérgio A. Fabris, 1984.

WELSH, M. *Europe United?* Londres, Macmillan,1996.

WITTGENSTEIN, L. *Investigações filosóficas*. Trad. J. C. Bruni. São Paulo, Abril Cultural, 1979. (Os Pensadores).

WOLIN, S. *Política y perspectiva, continuidad y cambio en el pensamiento político occidental*. Buenos Aires, Amorrortu, 1960.

Documentação oficial da União Européia:

COMISSÃO EUROPÉIA:

(a) *La Europa sin fronteras.* Informe. Nota mensual, nov-dez/1994. "La Unión Europea necesita más democracia".

(b) *A new idea for Europe: the Schuman Declaration 1950-2000* (by Pascal Fontaine). Luxemburg, Serviço das Publicações Oficiais das Comunidades Européias, 2000.

(c) *O ABC do Direito Comunitário.* Klaus Dieter Borchandt. Luxemburgo, Serviço das Publicações Oficiais das Comunidades Européias, 2000.

(d) *O Orçamento da Europa: para que serve o seu dinheiro?* (Direção-geral da Educação e Cultura. Luxemburgo, Serviço das Publicações Oficiais das Comunidades Européias, 2000.

COMUNIDADES EUROPÉIAS:

(a) *Les guides de l'Union européenne: La Corse dans l'Union européenne.* Luxemburgo, Serviço das Publicações Oficiais das Comunidades Européias, 1999, p.6-7.

(b) *Informe da Secretaria Geral do Conselho Europeu* sobre a simplificação dos tratados, SN 513/95.

SITES NA INTERNET:

<http://www.europarl.eu.int/>; acessado em 12/11/2000.

<http://www.elpais.s/p/d/20000628/internac/chirac.htm>; acessado em 28/6/2000.

<http://www.estado.com.br/edicao/pano/99/03/16/int709. html>; acessado em 29/6/2000.

<http://fws.uol.com.br/folio.pgi/fsp1999.doc/{@1}/hit_headings/words=4/hit_only>; acessado em 28/6/2000.

<http://www.estado.com.br/edicao/pano/99/03/16/int711.html>; acessado em 29/6/2000.

<http://fws.uol.com.br/folio.pqi/fsp1999.doc/{@}21}hit headings/words=4/hits only?>; acessado em 19/6/2000.

<http://www.estado.com.br/edicao/pano/99/03/15/int700.html>; acessado em 29/6/2000.

Artigos e reportagens jornalísticas

ASSEF, C. "Proposta francesa irrita os 'pequenos' ". *Folha de S.Paulo*. São Paulo, 10/dez/2000, p.A-27.

ATKINS, T. "Alemães temem 'invasão' polonesa". In: *O Estado de S.Paulo*, São Paulo, 7/out/2000, p.A-20.

CHADE, J. "Cúpula da União Européia começa com violência – A Batalha de Nice: Manifestação termina em pancadaria". *O Estado de S.Paulo*, São Paulo, 8/dez/2000, p.A-20.

EL PAÍS. "La mayoría de los europeos están preocupados por la llegada del euro". In: *El País*. Espanha, 15/jan/2001a (Editorial), p.7.

__________. "Crece el escepticismo ante la construcción europea – la crisis de las 'vacas locas' inquieta al 67% de los europeos". *El País*, Espanha, 15/jan/2001b (Editorial), p.8.

GAZETA MERCANTIL. "A piada entre os eurocratas". *Gazeta Mercantil*, 22/jul/2000, (Caderno de Atualidades), p.16-7.

LAPOUGE, G. "Sem uma profunda reforma, o 'inchaço' pode ser desastroso". In: *O Estado de S.Paulo*, São Paulo, 7/jul/2000, p.A-26.

__________. "Fantasma de Seattle volta à cena e já tem Porto Alegre na mira". In: *O Estado de S.Paulo*, São Paulo, 8/dez/2000, p.A-20.

LE GUEN, R. "L'agriculture en crise: comment en sortir? Une détresse morale et financière". In: *L'Express*, Paris, 8/mar/2001, p.16

LE MONDE. "Diplomatique. L'Euro sans l'Europe". Le Monde, França, jan-fev/2002, n.61, p.15.

LEPARMENTIER, A. "Alemania y Francia acuerdan los Principios de la reforma de la UE". In: *El País*, Espanha, 2/jun/2000.

PILAGALLO, O. "Atuação conjunta pode ter efeito limitado". In: *Folha de S.Paulo*, São Paulo, 23/set/2000, p.B-4.

THIBAUD, P. "Une construction sans légitimité démocratique – Les enjeux de la majorité qualifiée". In: *Le Monde Diplomatique*, França, jan-fev/2002, p.51.